W0084522

Eine Arbeitsgemeinschaft der Verlage

Böhlau Verlag · Wien · Köln · Weimar
Verlag Barbara Budrich · Opladen · Toronto
facultas.wuv · Wien
Wilhelm Fink · München
A. Francke Verlag · Tübingen und Basel
Haupt Verlag · Bern
Verlag Julius Klinkhardt · Bad Heilbrunn
Mohr Siebeck · Tübingen
Nomos Verlagsgesellschaft · Baden-Baden
Ernst Reinhardt Verlag · München · Basel
Ferdinand Schöningh · Paderborn · München · Wien · Zürich
Eugen Ulmer Verlag · Stuttgart
UVK Verlagsgesellschaft · Konstanz, mit UVK / Lucius · München
Vandenhoeck & Ruprecht · Göttingen · Bristol
vdf Hochschulverlag AG an der ETH Zürich

Dietmar Hübner

Zehn Gebote
für das philosophische Schreiben

Ratschläge für Philosophie-Studierende
zum Verfassen wissenschaftlicher Arbeiten

Zweite, durchgesehene Auflage

Vandenhoeck & Ruprecht

Dr. Dietmar Hübner ist Professor für „Praktische Philosophie, insbesondere Ethik der Wissenschaften" an der Leibniz Universität Hannover.

Online-Angebote oder elektronische Ausgaben sind erhältlich unter
www.utb-shop.de

Bibliografische Information der Deutschen Nationalbibliothek
Die Deutsche Nationalbibliothek verzeichnet diese Publikation in der
Deutschen Nationalbibliografie; detaillierte bibliografische Daten sind im
Internet über http://dnb.d-nb.de abrufbar.

© 2013, 2012 Vandenhoeck & Ruprecht GmbH & Co. KG, Göttingen/
Vandenhoeck & Ruprecht LLC, Bristol, CT, U.S.A.
www.v-r.de

Umschlaggestaltung: Atelier Reichert, Stuttgart
Satz: Ruhrstadt Medien AG, Castrop-Rauxel
Druck und Bindung: Books on Demand GmbH, Norderstedt

UTB-Band-Nr. 3642
ISBN 978-3-8252-4018-9

Inhalt
oder: Die zehn Gebote im Überblick

Für wertvolle Anregungen, Ergänzungen und Kommentare danke ich Paul Hoyningen-Huene, Yasmin Hutchins, Simon Lohse, Torsten Meyer, Thomas Reydon, Markus Scholz, Kathrin Sehestedt, Robert Stephanus und Rolf Wolkersdorfer.

Vorbemerkung

Aus zwei Beweggründen sind diese zehn Gebote für das wissenschaftliche Schreiben philosophischer Arbeiten entstanden:

Erstens äußern Studierende der Philosophie (und auch anderer geisteswissenschaftlicher Fächer) häufig eine starke Verunsicherung, welche Standards sie zu beachten haben, sobald sie ihre ersten Seminar- und Hausarbeiten verfassen sollen. Diese Verunsicherung setzt sich nicht selten fort oder verschärft sich sogar, wenn später im Studium die Herausforderungen einer Bachelor-, Master- oder Doktorarbeit zu bewältigen sind.

Zweitens sehen sich Dozenten der Philosophie (und ebenso anderer geisteswissenschaftlicher Disziplinen) oft dem Phänomen gegenüber, dass die bei ihnen eingereichten Arbeiten schwere Mängel aufweisen. Sogar Magisterarbeiten und Dissertationen sind zuweilen von argen Unzulänglichkeiten durchwachsen, die zunehmend Ratlosigkeit bei den Betreuern entstehen lassen.

Diese kleine Handreichung ist zum Gebrauch für interessierte Studierende aus der Sicht eines betroffenen Dozenten geschrieben, um Unsicherheit auf der einen Seite, Enttäuschung auf der anderen Seite und Frustration auf beiden Seiten abzubauen. Sie ist von individueller Erfahrung in langjähriger Lehrtätigkeit geprägt, wobei die Gesamtbilanz zwiespältig ausfällt:

Als Dozent bekommt man großartige Arbeiten zu lesen, die Studierende schon in ihrem ersten Semester verfassen – originell im Ansatz, klar in der Argumentation, angenehm im Stil und sauber in Orthographie und Grammatik. Ebenso kommt es aber vor, dass selbst fortgeschrittene Studierende, die im mündlichen Umgang einen durchaus positiven Eindruck hinterlassen haben, im schriftlichen Bereich auf einmal frappierende Schwächen offenbaren – endlose Paraphrasen verfassen, wirre Gedankenbrocken aneinanderreihen, unvollständige Sätze niederschreiben und in jedem Absatz mindestens zehn Rechtschreib- und Zeichensetzungsfehler unterbringen.

Die Ursachen dieses Phänomens mögen vielfältig sein, und es kommt an dieser Stelle nicht darauf an, welche davon vorrangig sind: Vielleicht ist die Schriftkultur in unserer Gesellschaft insgesamt in eine Krise geraten. Vielleicht können die Schulen aufgrund von Überforderung wesentliche Schrifttechniken nicht mehr vermitteln. Der Effekt jedenfalls ist, generell für die Geisteswissenschaften und speziell für die Philosophie, untragbar: *Wir sind eine schreibende Wissenschaft. Wenn Sie als Studierende oder als Studierender das Schreiben nicht beherrschen, werden Sie in dieser Wissenschaft nicht bestehen.*

Studierende äußern ihre Verunsicherung bezüglich des Schreibens oft mit Blick auf eher formale Aspekte: Typischerweise wollen sie Auskunft darüber haben, wie lang die jeweilige Arbeit sein solle, wie viel Sekundärliteratur sie verwenden müssten und nach welchem Schema sie zu zitieren hätten. Dies sind gewiss legitime Fragen. Daher sollten Sie sie auch frühzeitig klären, um insbesondere eine realistische Zeitplanung zu erstellen, geeignete Hilfsmittel heranzuziehen und sich mühsame Nachkorrekturen zu ersparen.

Für Ihren Dozenten sind sie allerdings eher nachrangig: Unwägbarkeiten dieser Art lassen sich leicht in einem kurzen Gespräch ausräumen, sie sind teilweise Gegenstand entsprechender Rahmenbestimmungen auf Universitäts-, Fakultäts- oder Fachbereichsebene und hätten daher niemals Anlass dafür gegeben, diese Handreichung auszuarbeiten. Nicht zufällig befassen sich erst die beiden letzten Gebote mit Themen der genannten Art. Das eigentliche Problem Ihres Dozenten liegt ganz woanders. Was ihn interessiert, sind primär Gesichtspunkte wie Textbeherrschung und Textgestaltung, Gedankenordnung und Argumentationsführung. Es ist kaum je Dozent an einer zu großen Schrifttype oder einem unüblichen Verweisformat verzweifelt. Aber eine undurchdringliche Ausdruckweise oder eine chaotische Gedankenfolge kann bei Ihrem Betreuer das gesamte Spektrum von Befremden und Erschütterung bis zu Weltschmerz und Groll auslösen. Verzeihen Sie ihm das, es liegt daran, dass er die Sprache im Allgemeinen und sein Fach im Besonderen liebt.

Dieses schmale Buch kann das skizzierte Problem sicherlich nicht beheben. Es vermag Ihnen lediglich eine grobe Grundorientierung zu geben, anhand derer Sie als Studierende sich über die wesentlichen Aspekte einer guten Schriftlichkeit klarer werden und an ihren Fähigkeiten und Horizonten arbeiten können. Es ist nicht übertrieben zu behaupten, dass diese Arbeit an Ausdruck und Gedankenführung für Ihr Studium und Ihr Weiterkommen in der Philosophie mindestens ebenso wichtig sein wird wie die Erschließung von Inhalten historischer und systematischer Art: Rezeption von Ideen und Verständnis von Theorien sind in Ihrer Wissenschaft nur ein erster Schritt. An den entscheidenden Stellen wird von Ihnen eine geordnete Wiedergabe fremder Überlegungen und eine klare Darstellung eigener Entwürfe erwartet. Inhaltliche Kenntnisse lassen sich bei Bedarf in durchwachten Nächten *nacharbeiten* (und hierzu werden Sie im Verlauf Ihres Studiums immer wieder genötigt sein). Eine scharfe und klare Artikulation müssen Sie sich in kontinuierlicher Betätigung *erarbeiten* (und am besten beginnen Sie damit in Ihrem ersten Seminaraufsatz).

Schon Ihre frühesten kleinen Essays und Hausarbeiten sind ernst gemeinte Vorbereitungen auf das, was Sie später fließend beherrschen müssen. Sie sollten sie daher nicht als eine lästige Pflichterfüllung absolvieren, sondern an ihnen jenen Ernst und jene Hingabe erproben, mit der Sie später eine umfangreiche Abschlussarbeit oder einen akademischen Aufsatz bewältigen müssen. Es gibt einen großen Vorzug Ihres Philosophie-Studiums gegenüber anderen Fächern: Selbst in der bescheidensten

Seminararbeit geht es nicht darum, eine vorgegebene Lösung zu einem gestellten Problem abzuliefern (wie Sie etwa im Mathematik-Studium eine Rechenaufgabe korrekt bewältigen müssen und dabei möglichst nahe an die Musterlösung Ihres Tutors kommen sollten). Vielmehr können Sie bereits in Ihrer ersten Arbeit eigene Überlegungen anbringen und eigene Auffassungsweisen artikulieren. Ihr Dozent hat keinen Idealaufsatz in seiner Schublade, sondern er wird mit Interesse lesen, was Sie an eigenen Gedanken zum vorgegebenen Thema anzubieten haben (was nicht heißt, dass Sie ihn mit gezwungenen Originalitäten und schrulligen Absurditäten überschütten sollten).

Machen Sie sich dies stets bewusst: Das besondere Privileg Ihres Fachs besteht darin, dass Sie sich vom Beginn Ihres Studiums an in sehr eigenständiger Weise und mit Ihrem individuellem Profil am Denken der Philosophie beteiligen und Ihre eigenen Vorstellungen darin zur Geltung bringen können. Dieses Privileg formuliert zugleich die spezifische Anforderung Ihres Fachs an Sie: Sie müssen Ihre Argumentationsfähigkeiten und Ihre Ausdrucksformen in einer Weise entwickeln, dass Sie diese Möglichkeit mit Gewinn für alle Beteiligten nutzen können.

Im Folgenden sind einige wesentliche Aspekte des philosophischen Schreibens in zehn Geboten zusammengefasst. Da sich die zentralen Anforderungen dieses Schreibens durch all seine Formen und Größenordnungen hindurchziehen, betreffen diese Grundsätze prinzipiell sämtliche Schreibaufgaben, denen Sie in Ihrem Studium begegnen werden, von der ersten Hausarbeit bis zur späteren Dissertation (was nicht ausschließt, dass manche Details bei verschiedenen Gattungen unterschiedlich relevant sind, aber das werden Sie schnell selbst merken). Dabei erheben diese zehn Gebote keinen Anspruch auf Vollständigkeit, was sich schon daraus ergibt, dass sie auf den spezifischen Erfahrungen ihres Urhebers beruhen (der sie je nach Bedarf kontinuierlich fortschreiben wird). Auch bilden sie kein festes Regelwerk, das sich einfach erlernen und erfüllen ließe, sondern eine Sammlung von wesentlichen Gesichtspunkten, die Sie im Auge behalten sollten: Es ist Ihre Aufgabe, sich in dieser Hinsicht beständig weiterzuentwickeln.

Ziel dieses Buches ist somit nicht, Ihnen ein *formales Schema* beizubringen, das Sie bei Bedarf nur noch mit Ihren jeweiligen Inhalten *ausfüllen müssten*. Die Idee eines solchen Schemas deutet sich gelegentlich in der Konzeption von wissenschaftlichen Ratgebern und auch im Programm von universitären Schreibkursen an. Tatsächlich beruht sie aber auf einer Illusion: In einer gut verfassten Arbeit müssen die Inhalte *selbst* die Form hervorbringen, die ihnen angemessen ist (von sehr groben Rahmenvorgaben einmal abgesehen). Es existiert deshalb keine allgemeingültige Schablone, in die Sie Ihre Gedanken einfach einbetten und mit der Sie Ihre Texte reibungslos produzieren könnten. Jegliche Versuche, solche Standardkonzeptionen zu entwerfen und zu befolgen, enden in starren Korsetts bzw. in lebloser Pflichterfüllung. Genau das hat in Ihrem Fach nichts zu suchen.

Ziel dieses Buches ist vielmehr, *Ihr Verständnis* dafür zu wecken, worum es beim wissenschaftlichen Schreiben philosophischer Arbeiten *eigentlich geht*. Es will Ihnen eine Grundhaltung vermitteln, die Sie beim Schreiben einnehmen sollten. Es will Ihnen ein Gespür dafür verschaffen, wie Sie sich diesem Prozess widmen müssen. Wenn Sie diese Grundhaltung einmal gewonnen, wenn Sie dieses Gespür einmal entwickelt haben, werden Sie die wichtigsten Dinge von *allein* richtig machen (und die weiteren Details mit Ihrem Betreuer abklären). Es darf Sie deshalb nicht wundern, dass dieses Buch immer wieder nicht allein bei Ihrer Situation als Student oder Studentin ansetzen, sondern Sie zudem regelmäßig mit der Sichtweise eines Dozenten konfrontieren wird, Ihnen seine Erwartungen einschärfen und Sie an seinen Erfahrungen teilhaben lassen wird: Jeder Schreibende muss sich in die Position seines Lesers hineinversetzen, und deshalb müssen Sie die Perspektive Ihres Dozenten verstehen. Wenn Sie das getan haben, wenn Sie diesen Standpunkt einmal verinnerlicht haben, werden Sie viele Fragen selbst beantworten können.

Hannover, im Oktober 2011
Dietmar Hübner

1. Das Thema
oder: Du sollst die Sache zu deiner eigenen machen

Bei der Anfertigung einer ersten Seminar- oder Hausarbeit ergibt sich das Thema häufig von allein oder nach kurzer Rücksprache mit Ihrem Dozenten: Oft handelt es sich um die Darstellung eines selbstgewählten Textabschnitts oder um die Ausarbeitung eines vorab gehaltenen Referats. Bei Qualifikationsarbeiten (Bachelor-Arbeit, Master-Arbeit, evtl. Magisterarbeit oder Dissertation) ist die Themensuche in der Regel stärker Ihrem eigenen Engagement überlassen: Die Wahl des Themas stellt hier, bei aller Unterstützung und Beratung durch Ihren Betreuer, einen ersten Bestandteil Ihrer eigenen Leistung dar und ist überdies erheblich folgenreicher für Sie (sie bestimmt größere Abschnitte Ihrer Lebenszeit, den abschließenden Erfolg Ihres Studiums und den Schwerpunkt Ihrer inhaltlichen Ausrichtung mit Blick auf Ihren weiteren Werdegang). Die folgenden Hinweise zu einer klugen Themenwahl beziehen sich daher vordringlich auf diesen Bereich der Qualifikationsarbeiten. Einige Aspekte sind allerdings auch bereits für die Konzeption Ihrer ersten Studienarbeiten relevant: Schon dort können Sie zumindest Weichenstellungen der inhaltlichen Anlage vornehmen. *Manche* Dozenten werden dies sogar ausdrücklich von Ihnen erwarten, und *jeder* Dozent weiß solche Eigeninitiative zu schätzen. Je bewusster Sie dies tun, desto besser sind Sie darauf vorbereitet, wenn Sie später vor der Themenwahl bei Ihrer Qualifikationsarbeit stehen. Kein Dozent und keine Dozentin ist aufrichtig begeistert, wenn Sie zu ihm bzw. ihr kommen, weil Sie „unbedingt bei ihm" schreiben wollen, aber „noch gar nicht wissen, worüber".

Spätestens bei Qualifikationsarbeiten sollten Sie natürlich tunlichst ein Thema wählen, das Sie ernsthaft interessiert: Keine noch so strategische Orientierung an den vorherrschenden Trends der Szene oder an den (vermeintlichen) Wünschen Ihres Dozenten wird es aufwiegen können, wenn Sie sich zu einer Materie hinreißen lassen, für die Sie beim besten Willen keine Begeisterung aufbringen können. Gleichzeitig aber mögen gerade in Ihren eigenen Interessen gewisse Fallstricke lauern, die für Sie nicht vorhersehbar sind und die Ihr Dozent (hoffentlich) in Absprache mit Ihnen ausräumen kann: Allzu exotische Nischenthemen und längst beackerte Fragestellungen, aber auch überehrgeizige Projekte oder schlicht abwegige Ideen sind, zumindest auf der Stufe von Qualifikationsarbeiten, tödlich. Eine Promotion zu Johann Jakob Windlings *Mitschrift der Logik-Vorlesungen seines Lehrers August Feltzenberg im Sommerhalbjahr 1815 zu Detmold* mag heimat- oder familiengeschichtlich für Sie von Bedeutung sein. Ihre akademische Karriere werden Sie damit aber in ein Stadium dauerhafter Überschaubarkeit versetzen. Ebenso mag Ihnen eine Bachelor-Arbeit über die *Geschichte des Wahrheitsbegriffs von den Vorsokratikern bis zur Analytischen Philosophie* attraktiv erscheinen. Gleichwohl ist von diesem Projekt abzuraten, solange Sie nicht ein Lebenszeit-Stipendium einwerben konnten.

Auf die Frage, was das Thema Ihrer Arbeit ist, sollten Sie nicht nur entgegnen können, dass Sie „über das-und-das schreiben". Spätestens im zweiten Satz Ihrer Antwort sollte klar werden, was Ihre zentrale These ist, was Ihre besondere Perspektive ausmacht, welche Fragen Sie klären wollen, an welchen Punkten Sie nicht locker lassen werden. Insbesondere sollte der Kern Ihrer Arbeit nicht in dem bestehen, was Ihnen immer schon fraglos richtig und völlig einleuchtend erschien. Hieraus können Sie nichts entwickeln. Ansatzpunkt für Ihre Arbeit sollte vielmehr das Unverständliche, das Ungeklärte, das Offene, das Umstrittene sein. Ein gutes Thema ist eines, das Ihnen gar nicht plausibel, gar nicht nachvollziehbar vorkommt. Ein gutes Thema ist das, worüber sich alle im Seminar uneinig waren, das, worin die Sekundärliteratur zutiefst zerstritten ist. *Ergiebig ist das, woran man sich reibt, nicht das, was einem wie Öl heruntergeht.*

Hieraus folgt, dass Ihr Lieblingsphilosoph oder Ihr Lieblingsgedanke für Sie zu einem Problem werden kann. Gewiss liegt es nahe, über den Autor zu schreiben, der Ihnen immer schon am besten gefallen hat, bzw. über die Theorie zu arbeiten, für die Sie sich stets am meisten begeistern konnten. Die Gefahr besteht jedoch, dass gerade deshalb dieser Autor, diese Theorie Ihnen keinen Stoff bietet, aus dem Sie nachhaltig schöpfen können. Das Ergebnis ist dann eine bloße Fleißarbeit, die sich in kraftlosen Paraphrasen erschöpft. Sie mögen Cassirers *Philosophie der symbolischen Formen* für das großartigste Werk halten, das jemals in der Philosophiegeschichte verfasst wurde. Aber der Effekt kann sein, dass Sie in Ihrer Arbeit nicht darüber hinauskommen, die einzelnen Abschnitte des Werks in der originalen Reihenfolge nachzuerzählen und diese Referate mit altvertrauten Zitaten zu spicken. Sie mögen den *metaethischen Kognitivismus* als die einzige Position ansehen, die innerhalb der modernen Ethik sinnvoll haltbar ist. Aber gerade deshalb kann es Ihnen widerfahren, dass Sie nur längst bekannte Argumente und Gegenargumente auflisten, ohne einen eigenen Beitrag zu der Debatte zustande zu bringen.

Wenn Sie sich also für Ihren Lieblingsphilosophen oder Ihren Lieblingsgedanken entscheiden, dann müssen Sie sich sofort klar darüber werden, was Sie mit Ihrer Arbeit bezwecken: Welche verborgenen Bezüge in dem Werk wollen Sie herausarbeiten, welche verbreiteten Fehleinschätzungen in der Diskussion wollen Sie korrigieren? Wenn Sie sich Cassirers *Philosophie der symbolischen Formen* vornehmen, dann klären Sie beispielsweise, wie sich seine Auffassung von Sprache zum Gedanken einer

Idealsprache im logischen Empirismus oder zum Konzept der Normalsprache in der analytischen Philosophie verhält. Vergleichen Sie seine Vorstellung von Erkenntnis mit dem Begriff lebensweltlicher Erfahrung in der Phänomenologie oder mit den Typen wissenschaftlicher Methodik im Neukantianismus. Wenn Sie den metaethischen Kognitivismus behandeln, dann zeigen Sie auf, wie der Unterschied zwischen einer sprachanalytischen und einer epistemologischen Deutung des Kognitivismus zu Missverständnissen und Fehleinstufungen bestimmter Positionen führt. Oder arbeiten Sie sich an den kognitivistischen Hauptvarianten Realismus und Konstruktivismus ab und prüfen Sie, ob und wie sich diese Varianten voneinander abgrenzen lassen.

Oft erweist es sich als fruchtbar, sich nicht auf einen Autor oder eine Position zu beschränken, sondern verschiedene Entwürfe oder Strömungen, die sich einem gemeinsamen Thema widmen, in ein Verhältnis zueinander zu setzen. Vergleichen Sie Ihren Favoriten mit einem oder mehreren anderen Ansätzen, arbeiten Sie Gemeinsamkeiten und Kontraste heraus, machen Sie wechselseitige Ergänzungen und aufschlussreiche Korrekturen deutlich. Achten Sie aber auch hier darauf, dass Sie nicht einfach die verschiedenen Ansätze nacheinander auflisten und uninspiriert an deren originalen Schwerpunkten und Einteilungen entlangschreiten. In diesem Fall leisten Sie nicht mehr, als zwei, drei oder vier kürzere Einzelarbeiten zu schreiben und bestenfalls mit einem Abschlusskapitel zu versehen, in dem Sie alles bisher Gesagte noch einmal wiederholen. Stattdessen muss *Ihr* Kerngedanke, *Ihre* Vergleichsfolie die Perspektive auf die Texte ständig prägen. *Ihre* Idee, diese Entwürfe miteinander zu verbinden, *Ihr* Vorschlag, eine Gegenüberstellung zwischen ihnen vorzunehmen, muss durchweg den erkennbaren Leitfaden für den Aufbau Ihrer Arbeit und für die Diskussion der behandelten Passagen liefern.

Grundsätzlich kann Ihre Arbeit einen von zwei Hauptwegen ein- **2**
schlagen: Sie kann vorrangig historisch oder vorrangig systematisch angelegt sein.

Wenn Sie Ihre Arbeit *historisch* ausrichten, bedeutet dies, dass
Sie einen oder mehrere Autoren oder Texte ins Zentrum Ihrer
Überlegungen stellen, die dort vorgefundenen Gedanken herausarbeiten und sie auf ihren genauen Gehalt hin analysieren.
Diese Variante hat zunächst den Vorteil, dass Sie rasch eine gewisse „Bodenhaftung" erreichen: Sie wissen frühzeitig, was Sie
lesen müssen, Sie haben schnell herausgefunden, welche Primärtexte und welche Sekundärwerke auf Ihrem Schreibtisch zu liegen haben, und es wird immer „etwas zu schreiben da sein", auch
wenn Sie zwischenzeitlich wenig inspiriert sein sollten.

Wenn Sie demgegenüber eine *systematische* Arbeit entwerfen,
heißt dies, dass Sie nicht bestimmte Philosophen oder einzelne
Schriften in den eigenen Fokus rücken, sondern ein allgemeines
Problem oder einen zentralen Begriff bearbeiten. Diese Variante
hat den Charme, dass Sie womöglich zügiger Ihre eigenen Gedanken entwickeln können: Sie sind freier in der Festlegung der
inhaltlichen Schwerpunkte, und Sie sind unabhängiger in der
Auswahl des behandelten Materials.

Welche der beiden Varianten Ihnen mehr zusagt, die historische oder die systematische, hängt letztlich von Ihrem Naturell
ab. In jedem Fall aber muss Ihnen unbedingt und jederzeit bewusst sein, welche Konzeption Sie verfolgen. Denn die Anforderungen in beiden Gebieten sind sehr unterschiedlich. Und wenn
Sie den jeweiligen Standard verfehlen, werden Sie keine überzeugende Leistung abliefern.

Eine historische These ist etwas ganz anderes als eine systematische These: Es ist *eine* Sache zu behaupten, dass Schellings Naturphilosophie maßgeblich von Spinoza beeinflusst wurde. Es ist
eine *andere* Sache zu behaupten, dass ein konsistenter Naturbegriff notwendig menschliche und außermenschliche Natur in ein

Verhältnis setzen muss. Entsprechend verlangen historische Thesen ganz andere Formen der Begründung als systematische Thesen: Im ersten Fall müssen Sie die begrifflichen und argumentativen Spuren von Spinoza in Schellings Schriften nachweisen (vielleicht auch in Briefen und Selbstzeugnissen entsprechende Belege aufspüren). Im zweiten Fall müssen Sie allgemeingültige Zusammenhänge herausarbeiten und untermauern (etwa indem Sie bei der Einbettung des Menschen in die Natur ansetzen und hierdurch seine Naturverhältnisse als Selbstverhältnisse rekonstruieren).

Dieser grundsätzliche Unterschied zwischen historischen und systematischen Ansätzen darf indessen nicht dazu führen, das philosophische Denken, das in beiden gefordert ist, auf die eine oder andere Weise zu verkürzen: In beiden Fällen betreiben Sie Philosophie, und deshalb sind in beiden Fällen sowohl die Perspektive der inhaltlichen Richtigkeit als auch das Bewusstsein der gedanklichen Einbindung unerlässlich.

Wer historisch arbeitet, sollte sich keinesfalls „einigeln", indem er jegliche Frage nach der systematischen Qualität der diskutierten Gedanken achselzuckend beiseiteschiebt. Wenn Sie in Ihrer Arbeit zu Schellings Naturphilosophie nicht im Mindesten darauf eingehen, ob seine Problemstellungen bedeutsam und seine Lösungsversuche stimmig sind, werden Sie nicht nur wenig Interesse bei Ihren Lesern finden. Sie werden zudem kaum in der Lage sein, einen stringenten Leitfaden für Ihre Untersuchung zu entwickeln und originelle Schwerpunkte in der Durchführung zu legen. Auch eine historische Arbeit gewinnt ihre Struktur und ihre Dynamik ganz wesentlich daraus, dass sie die behandelten Gedanken auf ihre Überzeugungskraft hin befragt. Ihr vordringliches Anliegen mag sein, eine fremde Argumentation nachzuzeichnen und zu explizieren. Aber gerade dies können Sie in bemerkenswerter und tiefgründiger Weise nur leisten, wenn Sie diese Argumentation auf ihre Stichhaltigkeit und Schlüssigkeit hin prüfen. Nur in diesem Horizont der Stichhaltigkeit können Sie erläutern, *weshalb* der Autor schreibt, was er schreibt. Nur in dieser Perspektive der Schlüssigkeit können Sie aufzeigen, *warum* sich seine Gedanken so aneinanderfügen, wie sie es tun. Ohne jegliche Beurteilung der inhaltlichen Aussagen lässt sich letztlich nicht verständlich machen, wieso ein Autor eine bestimmte Fragestellung überhaupt bearbeitet, welchen Problemen er dabei begegnet und mit welchen Gedanken er darauf reagiert, warum er manche Entwürfe seiner Vorgänger aufgreift und andere verwirft, wie seine eigenen Konzeptionen in der Tradition fortgeführt werden und wo man sich von ihm abwendet.

Leider gibt es auch auf höheren akademischen Ebenen Tendenzen, solche systematischen Fragen gänzlich auszusparen. Dies geschieht nicht selten in dem Gestus, dass es vermessen wäre, an historische Größen der Philosophie mit gegenwärtigen Erkenntnisinteressen oder gar Erkenntnismaßstäben heranzutreten. Das Gegenteil ist richtig: Wer sich einem historischen Autor ohne systematisches Problembewusstsein nähert, verrät gerade das Anliegen des angeblich so verehrten Autors. Denn dieser wollte sicherlich nichts anderes tun, als wichtige Fragen zu stellen und gute Antworten darauf zu geben. Gewiss hat er ernsthaft gehofft, hiermit auf inhaltlich interessierte Hörer zu stoßen statt allein auf ehrfurchtsvolle Nachbeter.

Umgekehrt darf derjenige, der systematisch arbeitet, sich nicht „abspalten", indem er glaubt, ohne jegliche historische Anbindung seine eigene Theorie schmieden zu können. Wenn Sie Ihre Arbeit zum Naturbegriff schreiben, können Sie sich nicht auf Ihre privaten Bauernhoferlebnisse und Ihre individuellen Biologiekenntnisse stützen. Dies liegt zunächst ganz einfach daran, dass schon Hunderte anderer Denker sich mit diesem Problemkreis befasst haben. Es wäre größenwahnsinnig von Ihnen zu glauben, dass diese anderen Denker nicht bereits wertvolle Arbeit in dem Gebiet geleistet hätten, auf das Sie sich begeben wollen. Die Gefahr, sich hierbei lächerlich zu machen, indem man das Rad von Neuem erfindet, ist ganz erheblich. Es liegt aber auch daran, dass Philosophie letztlich ein *Dialog* ist. Ihrem Wesen nach lebt sie davon, dass die Teilnehmer eines Jahrtausende währenden Gesprächs im steten Wechsel Gesagtes aufgreifen und Eigenes hinzufügen. Wenn Sie sich in diesen Diskurs einschalten, ist es schlichtweg eine Frage des kommunikativen Anstands, zunächst einmal zuzuhören und dann erst mitzureden.

Gerade unerfahrene Studierende neigen gelegentlich dazu, mit eigenen Vorstellungen vorzupreschen und dabei voller Überzeugung zu sein, dass dies bestimmt noch nie zuvor so klar und so richtig gedacht worden sei. Oft steckt dahinter eine begrüßenswerte gedankliche Energie und hohe geistige Eigenständigkeit. Mindestens ebenso wichtig für Sie als Philosophin oder als Philosoph ist aber die Fähigkeit, achtungsvoll fremde Gedanken wahrzunehmen und sich offen auf die Argumente anderer einzulassen. Natürlich droht hier gelegentlich Enttäuschung: Zuweilen muss man erkennen, dass die eigene Überlegung doch nicht so originell ist, wie man dachte, oder dass sie längst von anderen Wissenschaftlern widerlegt wurde, die sich mit ihr beschäftigt haben. Dies ist eine Erfahrung, mit der jede Philosophin und jeder Philosoph schon einmal fertig werden musste. Sie werden ihr aber nicht entgehen, indem Sie sich von ihr abzuschirmen versuchen.

Gleichgültig also, ob Sie eine primär historisch oder eine primär systematisch ausgerichtete Arbeit angehen, Sie werden in jedem Fall auf Quellen zurückgreifen. Manchmal haben Sie einen bestimmten Primärautor als Bezugspunkt oder einen eindeutigen Haupttext als Untersuchungsgegenstand. Manchmal werden Sie eine Vielzahl von Ansätzen und Schriften berücksichtigen müssen. Manchmal auch kann sich ein überschaubares Set von Namen und Werken in den Vordergrund schieben und eine detailliertere Darstellung ihrer jeweiligen Positionen nahelegen: Mitunter bietet es sich an, ein übergreifendes Konzept zu entwickeln, das sich in bestimmte Unterbereiche entfaltet, und diese Unterbereiche jeweils durch einen bestimmten Autor oder einen bestimmten Text repräsentieren zu lassen. Das Ergebnis ist dann eine integrierende Darstellung, in der bestimmte Philosophen oder Bücher in ein umfassendes Problemfeld eingefügt werden und dort genau zugewiesene Schwerpunkte abdecken. Beispielsweise schreiben Sie (mit primär historischem Interesse) über klassische Vertragstheorien und widmen sich dann in längeren Unterkapiteln den Entwürfen von Hobbes, Locke und Rousseau. Oder Sie arbeiten (mit primär systematischem Interesse) zu unterschiedlichen Kausalitätsbegriffen und befassen sich dann in mehreren Hauptteilen mit den Vorschlägen von Hume, Mill und Mackie. Diese Konzeption liegt nahe für eine Wissenschaft wie die Philosophie, die auf eine lange Geschichte zurückblicken kann und vergangene Entwürfe gern für neue Fragestellungen fruchtbar macht. Entsprechend wird dieses Verfahren durchaus nicht nur in Qualifikationsarbeiten, sondern gelegentlich auch von etablierten Autoren der modernen Philosophie verfolgt.

Bei alledem gilt: Verzetteln Sie sich nicht. Wählen Sie nicht zu viele Autoren, schlagen Sie keine zu großen Bögen. Sonst bleibt Ihre Arbeit, bei allem aufgebrachten Fleiß und allen durchwachten Nächten, oberflächlich und wirr. Es ist für Dozenten zuweilen tragisch zu sehen, wie gerade ambitionierte Studierende sich gelegentlich bei der Themenwahl überheben und nach langer harter Arbeit nur eine Kette von seichten Kurzreferaten als Abschlussarbeit vorlegen können. Es kommt immens viel darauf an, gute Akzente zu setzen und diese in der Arbeit auch konsequent durchzuhalten. Nehmen Sie sich daher lieber ein paar Tage oder auch Wochen mehr Zeit, um Ihr Thema sorgfältig auszusuchen und genau zu bestimmen. Es wird sich auszahlen, wenn Sie dafür nicht zu einem späteren Zeitpunkt alles umwerfen müssen oder sich auf dem einmal eingeschlagenen Weg zuletzt verlieren.

3 Bei Haus- und Seminararbeiten sind ähnliche Überlegungen zumindest „im Kleinen" angebracht. Wie eingangs erwähnt ist das Thema in diesen Fällen zwar häufig vorgegeben: Oft geht es darum, einen bestimmten Textabschnitt, der möglicherweise bereits Gegenstand eines vorausgehenden Referats war, noch einmal in schriftlicher Form zu bearbeiten. Aber auch hier sollten Sie über eine bloße Paraphrase hinauskommen und eine eigene Perspektive entwickeln.

Machen Sie sich also klar: Welches Problem behandelt der Autor in dem Textauszug? Was will er zeigen, warum ist ihm dies wichtig, wo sind die Schwachstellen seiner Argumentation, welches sind die Alternativen zu seiner Auffassung? Biographisches oder Textgeschichtliches darf hierbei kein Selbstzweck sein, sondern nur insoweit einfließen, wie es unmittelbar dem Verständnis der behandelten Auszüge dient. Klären Sie, welche Funktion diese Passagen im Gesamttext erfüllen: Warum widmet sich der Autor gerade an dieser Stelle ausgerechnet diesem Problem? Und wie geht er es genau an? Enthüllen Sie seine Architektur, entschlüsseln Sie seine Strategie.

Schreiben Sie immer aus der Vogelperspektive, nicht aus der Froschperspektive: Stellen Sie den Text aus einer Position gefestigten Überblicks dar, von der aus sich seine Wendungen zu einem sinnvollen Ganzen fügen. Verfassen Sie keinen mitlaufenden Lektürebericht, der sich von jedem neuen Gedanken des Autors wie von etwas gänzlich Unerwartetem mitreißen lässt, sondern zeichnen Sie eine Karte, in der seine Konzepte und Argumente übersichtlich verzeichnet sind. Natürlich darf diese Position des Überblicks nicht in Oberflächlichkeit münden: Fliegen Sie wie ein Vogel, und schauen Sie wie ein Falke. Abstand zum Gesamtkonzept soll Ihre Position, Scharfblick für die Details muss Ihre Qualität sein.

Für all Ihr Schreiben gilt: Zählen Sie nicht auf, sondern argumentieren Sie. Genau das können Sie aber nur, wenn Sie dem behandelten Text kritisch gegenüberstehen, wenn Sie sich an den besprochenen Gedanken reiben. Das bedeutet nicht, dass Sie eine ablehnende Haltung einnehmen oder sich in kleinlichen Mäkeleien verlieren sollen. Aber es bedeutet, dass Sie erkennen und aufzeigen müssen, was daran gerade nicht selbstverständlich ist, was man auch anders sehen könnte. Nur dies kann Sie zum Kern des Werkes, zum Wesen der Theorie führen. Verfallen Sie also nie in bloße Nacherzählungen, sondern machen Sie deutlich: Was ist das Besondere an dem Autor, was ist das Eigentümliche an der Idee? Welche Gegenpositionen gibt es, worin liegt die Einzigartigkeit? Nur vor einem solchen Hintergrund kann der Text, der Gedanke überhaupt eine Bedeutung für die Philosophie haben. Und nur diese Bedeutung kann Ihnen das Thema Ihrer Arbeit liefern.

2. Die Struktur
oder: Du sollst dein Thema sich entfalten lassen

1 Die Grobeinteilung einer wissenschaftlichen Arbeit in Einleitung, Hauptteil und Schluss ist zwar nicht sehr originell, aber fast immer angemessen und zielführend. Dies gilt für Haus- und Seminararbeiten ebenso wie später für Abschlussarbeiten und Dissertationen. Der Grund ist, dass jene Dreiteilung schlichtweg der Kommunikationssituation entspricht, in die Sie als wissenschaftlicher Autor mit Ihrem ebenso wissenschaftlichen Leser treten. Machen Sie sich stets bewusst, dass Ihre Arbeit eine solche Kommunikationssituation entstehen lässt: Sie hat zwar schriftliche Gestalt, sie ist zwar von einseitiger Natur, aber sie ist dennoch eine Form der Mitteilung. Je mehr Sie sich hierüber im Klaren sind, desto geringer ist die Gefahr, dass Sie sich in unverständlichen Selbstgesprächen verlieren: Sie mögen sich noch so einsam in einer Bibliothek oder in Ihrem Studierzimmer vergraben haben, Sie sollten keinen Moment vergessen, dass Sie zu Ihrem Leser reden. Dann ergibt sich die genannte Dreiteilung von selbst.

Eine *Einleitung* ist notwendig, um auf die Fragestellung Ihrer Arbeit hinzuführen. Insbesondere sollten Sie hier deutlich machen, weshalb diese Fragestellung im behandelten Text oder in der generellen Diskussion von Bedeutung ist: An welcher Stelle seiner Argumentation steht der Autor, den Sie untersuchen? Wie weit hat er seine Theorie bereits entwickelt, welche Probleme muss er jetzt noch lösen? Welches Dilemma hat sich in der Debatte aufgetan, der Sie sich widmen? Welche Lösungsvorschläge stehen im Raum, welche Streitpunkte sind verblieben? Zudem empfiehlt es sich oft, in der Einleitung einen kurzen vorgreifenden Überblick über die anschließenden Teile Ihrer Arbeit zu geben, indem Sie die wesentlichen Schritte der nachfolgenden Darstellung grob skizzieren. Auch können Sie wesentliche Konzepte des betrachteten Textabschnitts oder wichtige Positionen der untersuchten Diskussionslandschaft an dieser Stelle einführen, um hiermit die Ausgangspunkte Ihrer Arbeit abzustecken.

Keinesfalls sollten Sie in solch einer Einleitung Entschuldigungen platzieren, weshalb Sie mit Ihrer Arbeit nicht weiter vorangekommen sind, sich in Bescheidenheitsbekundungen ergehen, wie wenig Sie von dem Thema eigentlich verstehen, oder der Hoffnung Ausdruck geben, dass Ihre Ausführungen überhaupt etwas taugen. Auch Danksagungen an Ihren Dozenten oder Gedichte Ihres Lieblingspoeten haben hier nichts zu suchen. Verzichten Sie zudem auf Lebensläufe der behandelten Autoren: Viele Studierende leiten gerade Haus- und Seminararbeiten gern mit solchen biographischen Darstellungen ein. Dies mag verlockend erscheinen, weil man hierbei nicht viele Fehler machen und rasch ein paar Absätze Text produzieren kann. Möglicherweise hat Ihr Dozent Ihnen in seiner Veranstaltung auch derartige Informationen als Hintergrundwissen mitgegeben. In Ihrer Arbeit sind solche Passagen aber deplatziert: Dort geht es nicht um die Vita von Schopenhauer, sondern um seine Theorie, dort interessiert nicht die Lebensgeschichte von Nietzsche, sondern sein Denken. Gewiss mag diese Theorie oder dieses Denken mitunter durch Hinweise auf die zeitgeschichtlichen Umstände oder die persönlichen Erfahrungen des jeweiligen Autors besser verständlich werden. Wo dies nachweislich der Fall ist, dürfen solche Hinweise in begrenztem Umfang in Ihren Text einfließen. Aber Ihre eigentliche Aufgabe besteht in der philosophischen Analyse von Argumenten und Überlegungen. Lassen Sie sich daher zu keiner historischen Nacherzählung von Begebenheiten und Anekdoten verleiten, auch nicht als Auftakt Ihrer Arbeit.

Der *Hauptteil* enthält die Durchführung der eigentlichen Argumentation. Seine genauere Einteilung in Hauptabschnitte oder -kapitel wird meist durch die innere Struktur Ihres Themas vorgegeben, d.h. sie ergibt sich daraus, welche Gedankenkette verfolgt werden muss oder welche Ansätze zu diskutieren sind. In der Philosophie ist es dabei eine häufige Erscheinung, dass nicht einfach eine Frage aufgeworfen und sofort eine Antwort entwickelt werden kann: Vielmehr muss oftmals zunächst der genaue Gehalt der Frage geklärt werden. Der Sinn der enthaltenen Begriffe ist zu bestimmen, der Zusammenhang der aufgeworfenen Debatte ist zu vergegenwärtigen. Dann erst kann eine angemessene Lösung des solcherart präzisierten Problems gesucht werden. Sonst ist die Arbeit von Beginn an mit Unschärfen durchsetzt und wird beim Leser Irritationen und Missverständnisse hervorrufen. Zudem erfordern philosophische Arbeiten zumeist einen gestuften Aufbau, dessen Komponenten zwar nicht unbedingt in separate Abschnitte verlegt werden müssen, die aber in jedem Fall innerhalb der Argumentation deutlich unterscheidbar bleiben sollten: Geht es primär darum, eine fremde These zu behandeln, so müssen erstens die Darstellung dieser These, zweitens die Analyse ihres genauen argumentativen Gehalts und drittens die Beurteilung ihrer Überzeugungskraft klar voneinander abgehoben werden. Geht es primär darum, eine eigene These zu entwickeln, so müssen erstens die Artikulation ihres Inhalts, zweitens ihre Kontrastierung gegenüber konkurrierenden Positionen und drittens die Begründung ihrer Vorzüge jederzeit unterscheidbar sein.

Verzichten Sie in jedem Fall darauf, das Seminar- oder Vorlesungsgeschehen zu erwähnen oder gar genauer zu schildern, aus dem heraus Ihre Arbeit möglicherweise entstanden ist. Die Ausführungen Ihres Dozenten und die Diskussionen unter den Teilnehmern mögen Ihnen wichtige Einsichten geliefert haben. Aber Ihr Text muss nun eben in einer Darstellung, Vertiefung und Fortentwicklung dieser Inhalte bestehen, nicht in einem Ereignisbericht, wie Sie zu jenen Einsichten gelangt sind. Wenn Sie sehr essenzielle Anregungen von Ihrem Betreuer oder von Ihren Kommilitonen erfahren haben, können Sie dies in einem entsprechenden Vorwort erwähnen. Hinweise auf besonders originelle Einzelbeiträge lassen sich auch in Fußnoten an den entsprechenden Stellen platzieren. Aber schreiben Sie kein Stundenprotokoll, solange dies nicht ausdrücklich so verabredet wurde.

Ein *Abschluss* fasst die wesentlichen Resultate Ihrer Arbeit im Sinne eines Fazits zusammen. Möglicherweise gibt er einen Ausblick auf weiterführende Fragestellungen oder Hinweise auf verwandte Themenfelder.

Versuchen Sie dabei, nicht in allzu langwierige Wiederholungen zu verfallen und keine übermäßig ehrgeizigen Horizonte auszumalen. Meiden Sie zudem Übertragungen „auf die heutige Zeit" oder Anwendungen „für moderne Gesellschaften", sofern Sie hier nicht sehr Fundiertes beizutragen haben: Solche Schlussbetrachtungen werden leicht pauschal und oberflächlich, verfallen ins Naive und Feuilletonistische. Bewahren Sie eine angemessene Knappheit und eine solide Bodenhaftung. Auch der Abschluss sollte sich als ein integraler Teil Ihres Textes lesen: Er soll das Gesagte abrunden und abschließen, nicht es unnötig verdoppeln oder gänzlich überschreiten.

2

Die Umsetzung dieser Dreifach-Struktur von Einleitung, Hauptteil und Abschluss bereitet in der Regel keine allzu großen Schwierigkeiten. Auch die genauere Aufteilung des Hauptteils ist meistens naheliegend, da seine Abschnitte und Kapitel für gewöhnlich jenen Autoren und Aspekten gewidmet sind, die schon im Stadium der Themenformulierung festgelegt wurden. Entsprechend wird die Kapiteleinteilung zumindest bei Qualifikationsarbeiten häufig mit dem Betreuer abgesprochen. Probleme ergeben sich eher in der detaillierten Argumentationsfolge, von der im folgenden Abschnitt die Rede sein wird (vgl. das 3. Gebot).

Bei alledem sollten Sie stets ein kritisches Auge darauf haben, ob Ihre Einteilungen wirklich mit der These übereinstimmen, die Sie in Ihrer Arbeit entwickeln wollen. Seien Sie sich jederzeit bewusst, was Sie eigentlich sagen möchten und welche Bedeutung das Kapitel, an dem Sie gegenwärtig arbeiten, für diese Aussage hat: Was machen Sie überhaupt? (Eine zuweilen schmerzhafte Frage, aber notwendig.) Und was brauchen Sie dafür? (Eine mitunter bittere Frage, aber hilfreich.) Seien Sie tendenziell zurückhaltend, was Nebenaspekte und Exkurse angeht. Es gibt in der Regel genug Zentralfragen und Hauptteile, die Sie erschließen und erarbeiten können.

Vergessen Sie nicht: Jeder Leser wird zunächst einmal Ihr Inhaltsverzeichnis anschauen, um zu erfahren, was ihn erwartet. Damit er Ihre Arbeit mit Interesse liest und nicht sofort wieder zuklappt bzw. nur flüchtig durchblättert, sollten Sie ihn mit der Übersichtlichkeit und Nachvollziehbarkeit Ihrer Anordnung für sich gewinnen. Inhaltsverzeichnisse über zehn Seiten sind ebenso abwegig wie Überschriften mit der Nummer A.3.1.12.8.c.ii. Nicht allzu lange Kapitel sind leserfreundlich, segmentierende Zwischenüberschriften helfen bei der Orientierung über den Gedankengang und bieten Atempausen bei der Lektüre. Drei Überschriften pro Seite sind allerdings zu kleinteilig und stören den Fluss, und eine Häufung von achtzeiligen Kleinkapiteln muss früher oder später den Verdacht der Oberflächlichkeit erwecken.

3 Eine wichtige Warnung zum Schluss: Unterschätzen Sie nicht die Arbeit, die bei der konkreten Ausformulierung Ihrer Überlegungen auf Sie wartet. In anderen Wissenschaften (vor allem in den Naturwissenschaften und in der Mathematik) ist es ein mehr oder weniger unverfänglicher Vorsatz, zunächst einmal Ergebnisse zu „sammeln" (etwa empirische Daten oder algorithmische Herleitungen) und dann am Schluss das Ganze „zusammenzuschreiben". In der Philosophie hingegen werden Sie mit diesem Konzept böse Überraschungen erleben: All das, was in Ihrem Kopf völlig klar zurechtgelegt schien, gebärdet sich in der schriftlichen Niederlegung plötzlich sperrig. All das, was sich in Ihren Entwürfen absolut stringent gab, entwickelt plötzlich eine schwindelerregende Eigendynamik. Die präzise Formulierung lässt Probleme sichtbar werden, die Sie nicht im Entferntesten ahnten. Die genaue Darstellung wirft Zusatzaspekte auf, die niemals Teil Ihrer Planung waren.

Lassen Sie sich hierdurch nicht verstören: Das Phänomen als solches ist völlig normal. Es liegt nicht an mangelnder Voraussicht Ihrerseits, sondern in der Natur der Sache: In der Philosophie wird ein Gutteil der Arbeit erst mit der Niederschrift geleistet. Allein die Durchführung schafft den Gehalt, weil nur mit der schrittweisen Argumentation das gedankliche Gebäude tatsächlich entsteht. Man schreibt daher in der Philosophie nicht vorab gewonnene Ergebnisse auf, sondern das Geschriebene selbst ist erst das eigentliche Ergebnis.

In einem gewissen Sinne sollte diese Aussicht tröstlich für Sie sein: So dürfen Sie nämlich hoffen, dass auch ein in seinem Umfang bescheiden wirkender Entwurf allemal genug Stoff für eine komplette Arbeit liefern kann. Ein Konzept von einer Seite mag ohne Weiteres ein Buch von 300 Seiten hervorbringen. Sie sollten aber in jedem Fall auf diesen Effekt vorbereitet sein: Wer eine Dissertation verfasst und nach drei Jahren „Sichten und Zusammentragen" für das „Runterschreiben und Ausformulieren" drei Monate ansetzt, rennt offenen Auges in sein Verderben. Auch Ihre erste Hausarbeit sollten Sie nicht am Tag vor der Abgabe anfangen, sondern lieber einen Monat früher beginnen.

3. Die Gedankenführung
oder: Du sollst keine planlosen Sätze aneinanderreihen

1 Sehr viel schwieriger, als eine überzeugende Struktur für die Gesamtarbeit anzulegen, ist für viele Studierende, eine stringente Gedankenfolge in den Einzelabschnitten durchzuhalten. Dozenten und Gutachter erleben oft böse Überraschungen und leidvolle Stunden, in denen sie sich durch Kapitel und Absätze quälen müssen, die Argumentationsbrocken ohne erkennbare Linie aufeinanderschichten und Sätze ohne nachvollziehbaren Zusammenhang aneinanderreihen.

Die wesentliche Qualität Ihrer Arbeit muss in einer klaren Gedankenführung liegen. Dies gilt auf allen Ebenen, über sämtliche Größenordnungen hinweg: Der Gesamttext sollte eine greifbare These enthalten, die Sie in vier verständlichen Sätzen mitteilen können, auch dann, wenn es sich um ein komplexes Thema handelt. Diese Fähigkeit ist notwendiger Ausdruck dafür, dass Sie in jedem Moment Ihrer Arbeit wissen, was Sie tun. Nur wenn Sie das wissen, sind Sie imstande, diese Arbeit tatsächlich durchzuführen. (In fortgeschrittenen Stadien werden Sie solche Zusammenfassungen auch ganz konkret abliefern müssen, spätestens wenn Ihr Verlagslektor bis morgen Abend einen Klappentext von Ihnen braucht.) Die Kapitel sollten sich daraus ergeben, dass Sie Ihre These in einem erkennbaren Bogen entfalten. Einzelne Abschnitte wiederum sind dazu da, kleinere Einheiten mit eindeutig benennbarem Inhalt abzuhandeln. Idealerweise entwickelt jedes Kapitel, jeder Abschnitt genau einen sauber umrissenen Untergedanken. (Eben dafür gibt es diese Einteilungen schließlich.)

Nicht zuletzt geht es auch um die Binnenlogik im einzelnen **2** Absatz. Hier haben viele Studierende größte Schwierigkeiten, wie das folgende Beispiel andeutet:

Kants Kategorienlehre steht m Zentrum seiner transzendentalen Logik. Vorher hat Kant in der transzendentalen Ästhetik gezeigt, dass Raum und Zeit die apriorischen Strukturen der Sinnlichkeit sind. In der Analytik führt er zunächst die Urteilstafel ein. Die Kategorien sind deshalb wichtig für Kant, weil sie die reinen Verstandesbegriffe sind. Neben der Analytik der Begriffe (d.h. der Kategorien, die sich aus der Urteilstafel erheben lassen) gibt es auch eine Analytik der Grundsätze, die hier aber nicht untersucht werden soll. Diese Grundsätze sind deshalb gültig für alle Erfahrungsgegenstände, weil die Kategorien objektiv gültig für jede mögliche Erfahrung sind. Im Zentrum dieser Arbeit stehen die Kategorien, die Kant auch als „reine Verstandesbegriffe" bezeichnet. Ideen haben demgegenüber bei Kant nur regulativen Status. Hinzu kommen die reinen Anschauungsformen, Raum und Zeit, die gemäß der Ästhetik konstitutiv für die Erscheinungen sind. Die Ideen sind die apriorischen Strukturen der Vernunft. Der konstitutive Status der Kategorien für die Erfahrung ist Thema des zweiten Hauptstücks der Analytik, der transzendentalen Deduktion. Die Ideen werden in der Dialektik behandelt und auch als „reine Vernunftbegriffe" bezeichnet.

Diese Sätze sind allesamt korrekt, aber sie stehen in keinerlei Zusammenhang. Sie bilden einen Wust von Einzelaussagen, an deren Ende man beim Anfang wieder herauskommt, ohne zu wissen, was man zwischenzeitlich gelesen hat. Ganz deutlich hat die Disziplin gefehlt, die separaten Aspekte in einen logischen Gedankengang zu integrieren, der nicht nur korrekte Behauptungen aneinanderreiht, sondern eine zielgerichtete Überlegung entfaltet. Hier ein Vorschlag, wie die Inhalte des Beispiels in eine nachvollziehbare Ordnung zu bringen wären:

In der *transzendentalen Ästhetik* befasst sich Kant mit der Sinnlichkeit. Insbesondere weist er nach, dass die reinen Anschauungsformen (Raum und Zeit) erstens apriorische Strukturen dieser Sinnlichkeit sind und zweitens konstitutiven Status für die Erscheinungen haben. In der *transzendentalen Logik* widmet er sich den beiden verbliebenen Ebenen des menschlichen Erkenntnisvermögens, nämlich Verstand und Vernunft. In der *transzendentalen Analytik* geht es um den Verstand und seine apriorischen Strukturen (die reinen Verstandesbegriffe bzw. „Kategorien"), in der *transzendentalen Dialektik* werden die Vernunft und ihre apriorischen Formen behandelt (die reinen Vernunftbegriffe bzw. „Ideen"). Dabei zeigt sich, dass die Kategorien wiederum konstitutiven Status für die Erfahrung beanspruchen können, während die Ideen allein regulative Funktion haben. Im Folgenden wird Kants Kategorienlehre im Vordergrund stehen. Diese arbeitet er in drei Schritten aus, die von den Urteilen über die Begriffe zu den Grundsätzen führen: Im ersten Schritt, der *metaphysischen Deduktion*, gewinnt er aus der Urteilstafel die Kategorien als apriorische Erkenntnisstrukturen des Verstandes. Im zweiten Schritt, der *transzendentalen Deduktion*, weist er den konstitutiven Status der reinen Verstandesbegriffe für die Erfahrung nach. Im dritten Schritt schließlich, der *Analytik der Grundsätze*, werden aus der objektiven Gültigkeit der Kategorien für jede Erfahrung bestimmte allgemeine Prinzipien mit notwendiger Gültigkeit für die Erfahrungsgegenstände erhoben.

Dass in dieser Version mit Kursivdruck gearbeitet wurde, ist kein Zufall: Hervorhebungen können erheblich zur Übersichtlichkeit eines Absatzes beitragen. Man sollte *allerdings* darauf *achten*, dass sie *nicht überhandnehmen*, weil sonst ihr *ordnender* Effekt *gleich* wieder *verloren geht*. Zudem könnten sie in einem unstrukturierten Absatz wie der Originalversion wenig ausrichten, da es kaum hilfreich ist, in einem Chaos noch Schlaglichter zu setzen. Beachten Sie auch, dass die verbesserte Fassung mit

Aufzählungen operiert: Die drei Schritte, die angekündigt werden, folgen in der Tat in genau dieser Reihenfolge und mit klar artikulierten Inhalten. Es spricht nichts dagegen, an solchen Stellen zusätzlich Nummerierungen einzufügen. Dies hilft (a) Ihrem Leser bei der Zuordnung und (b) Ihnen selbst bei der Sortierung.

Absätze ohne klare Ordnung sind gedankliche Friedhöfe, weil sie statt einer lebendigen Beziehung zwischen den einzelnen Sätzen nur eine statische Reihung von isolierten Thesen bieten. Noch schlimmer sind freilich Passagen wie die folgende, in denen es von Untoten wimmelt:

Im Zentrum von Rawls' Theorie steht das Gedankenexperiment eines Urzustands, in dem die Teilnehmer über die künftigen Grundsätze jener Gesellschaft entscheiden müssen, der sie selbst einmal angehören werden. Es handelt sich also um eine Entscheidung unter Ungewissheit, welche Rolle sie in jener künftigen Gesellschaft einnehmen werden. Obwohl Rawls diese Rollen nicht genauer charakterisiert, kann man sich den Prozess wie ein Auslosungsverfahren vorstellen, in dem die verschiedenen Positionen zugeteilt werden, das aber erst im Anschluss an die Entscheidung stattfindet. Deshalb stellt sich Rawls selbst auch in die Tradition der Vertragstheorien, etwa bei Hobbes oder Locke. Trotzdem muss beachtet werden, dass ähnliche Überlegungen schon vor Rawls durch John Harsanyi skizziert wurden. Allerdings befinden sich die Teilnehmer bei Rawls hinter einem „Schleier des Nichtwissens", ohne dass Einigkeit unter Rawls' Kritikern herrscht, wie er die genaue „Dichte" seines Schleiers rechtfertigen kann. Auch das Maximin-Prinzip, das Rawls anwendet, findet sich in der klassischen Literatur zur Entscheidungstheorie, obwohl Rawls seine Wahlsituation anders formuliert als Harsanyi. Denn Harsanyi leitet den Utilitarismus als Verteilungsprinzip her, was aber damit zusammenhängt, dass er eine Erwartungswert-Maximierung für das Handeln unter Risiko bevorzugt.

Die einzelnen Sätze bzw. Teilsätze in diesem Abschnitt sind für sich genommen wieder durchweg richtig. Aber nun sind sie übereifrig mit Verbindungswörtern zusammengekittet worden, die ihrer tatsächlichen logischen Struktur überhaupt nicht entsprechen: Sätze werden mit „also", „deshalb" und „denn" verknüpft, ohne dass eine Begründungsbeziehung zwischen ihnen besteht. Es tauchen „obwohl", „trotzdem" und „allerdings" auf, ohne dass ein Gegensatz zwischen den entsprechenden Gliedern zu finden wäre. In ihrem Gefüge sind die Sätze dieses Absatzes daher schlichtweg falsch: Es handelt sich nicht „also" um eine Entscheidung unter Ungewissheit, weil Rawls das Gedankenexperiment einer Grundsatzwahl entwirft. Der Prozess ist nicht als Auslosungsverfahren vorstellbar, „obwohl" Rawls die Rollen nicht genauer charakterisiert. Der Leser wird hochgradig irritiert, weil er durch jene fehlerhaften Verbindungswörter auf einen bestimmten logischen Zusammenhang eingestimmt wird, der sich überhaupt nicht einstellt. Die Lektüre wird dadurch unendlich mühsam und teilweise geradezu benebelnd. Irgendwann muss den Leser der Eindruck beschleichen, dass der Verfasser gar nicht weiß, was eine Begründung bzw. ein Gegensatz ist. Hier eine Fassung des gleichen Inhalts, nun mit gewissen Umstellungen, ein paar Auslassungen und Ergänzungen sowie, vor allem, sinngerechten Verknüpfungen:

> Im Zentrum von Rawls' Theorie steht das Gedankenexperiment eines Urzustands, in dem die Teilnehmer über die künftigen Grundsätze jener Gesellschaft entscheiden müssen, der sie selbst einmal angehören werden. Genauer handelt es sich um eine Entscheidung unter Ungewissheit, da die Teilnehmer sich hinter einem „Schleier des Nichtwissens" befinden, der ihre eigene künftige Position vor ihnen verbirgt. Man kann sich den Prozess so vorstellen, dass die Teilnehmer zunächst eine Gesellschaft wählen und anschließend über ein Auslosungsverfahren ihre Rollen darin zugewiesen bekommen. Eine

ähnliche Überlegung hat vor Rawls bereits John Harsanyi skizziert, der die Wahlsituation im Urzustand allerdings abweichend formuliert und entsprechend zu einem anderen Ergebnis für die Grundsätze findet: Harsanyi fasst den Urzustand als eine Situation des Handelns unter Risiko, und da er für diese Situation eine Erwartungswert-Maximierung als Entscheidungsprinzip bevorzugt, leitet er den Utilitarismus als Verteilungsgrundsatz her. Rawls hingegen geht von einer Situation des Handelns unter Unsicherheit aus und wendet hierauf das Maximin-Prinzip als Entscheidungsprinzip an. Dabei herrscht unter Rawls' Kritikern keine Einigkeit, wie er die größere „Dichte" seines „Schleiers des Nichtwissens" gegenüber der Version von Harsanyi rechtfertigen kann.

Denken Sie daran: Selbst der kleinste Absatz bildet niemals nur eine Aneinanderreihung. Selbst zwei einzelne aufeinanderfolgende Sätze stehen in irgendeinem argumentativen Verhältnis zueinander. Dieses Verhältnis muss logisch korrekt kenntlich gemacht werden. Der zweite Satz liefert die Begründung für den ersten („weil", „denn"), oder beide führen vom Allgemeinen zum Speziellen („insbesondere", „beispielsweise"). Sie sind Teile einer zuvor angekündigten Auflistung („erstens", „zweitens"), oder sie bringen ein Problem schrittweise zu größerer Klarheit („genauer", „näher betrachtet").

Sobald Sie merken, dass Sie die Reihenfolge Ihrer Sätze in einem Absatz vertauschen können, sollten Sie misstrauisch werden: Diese Beliebigkeit der Position zeigt meist an, dass Sie keine sichere Gedankenführung mehr haben und nicht wissen, was Sie eigentlich sagen wollen. *Sie sagen aber mit Ihrem Schreiben etwas.* Und Sie sollten sich immer in die Rolle dessen versetzen, der Ihre Texte liest und dabei nicht in Ihr Gehirn schauen kann: *Ihr Leser hat nur Ihre Sätze.* Mit diesen Sätzen müssen Sie ihn an der Hand nehmen und durch Ihre Gedankenwelt führen.

3 Ein hilfreicher Tipp: Lassen Sie Ihre Texte eine Weile liegen, und lesen Sie sie dann noch einmal, und zwar mit der vorbehaltlosen Bereitschaft, umzuschreiben und auszudünnen. Dieses Verfahren kann zwar etwas langwierig werden. Für Ihren Text kann es aber nur vorteilhaft sein. Erstens kann es helfen herauszufinden, ob Ihre Gedankenführung auch für den Leser nachvollziehbar ist. Ohne genügenden Abstand schmoren Sie zur sehr im eigenen Saft und können kein Gespür dafür entwickeln, welche Ihrer Wendungen schlüssig und welche verstiegen sind. Zweitens kann es helfen, einen ernsthaften Vorsatz der Straffung und Vereinfachung sowie den Willen zum Abwerfen von Überflüssigem zu entwickeln. Ohne hinreichende Distanz sind Sie zu verliebt in Ihre Arbeit und halten alles, was Ihnen eingefallen ist, für unverzichtbar. Texte müssen gären wie ein guter Wein. Dies liefert natürlich ein weiteres Argument dafür, dass Sie früh genug mit Ihrer Arbeit beginnen sollten (vgl. das 2. Gebot).

Ebenfalls eine gute Methode: Geben Sie Ihren Text vorab Dritten zu lesen, beispielsweise jemandem aus dem Kreis Ihrer Kommilitonen. Der Sinn einer Universität besteht gerade darin, seine gedanklichen Versuche mit Gleichgesinnten zu teilen. Nicht umsonst ist dieser kritische Austausch auch auf höheren akademischen Ebenen etabliert: Er ist der einzige Zweck von internen Institutskolloquien und von wissenschaftlichen Fachkonferenzen (selbst wenn deren Teilnehmer sich dieses Sinns nicht immer bewusst sind). Am besten beginnen Sie diese Kommunikation bereits in Ihrem Studium. Lesen Sie die Arbeiten Ihrer Mitstudenten, und lassen Sie Ihre eigenen Texte von Ihren Kollegen gegenlesen. Auch Fachfremde kommen als Ratgeber in Frage. Sogar Personen außerhalb des wissenschaftlichen Betriebs können ein wertvolles Korrektiv sein: Laien werden zwar möglicherweise nicht alles begreifen, was Sie schreiben, aber manchmal ist gerade das Unverständnis unbefangener Leser ein ernsthafter Hinweis auf echte Unverständlichkeiten Ihres Textes (und auf eigene Unverständlichkeit bilden sich nur Narren etwas ein). Wenn Ihr Vater oder Ihre Freundin nicht dahinter kommt, was Sie mit einer Passage meinen, so muss dies nicht daran liegen, dass Sie in Ihrer Disziplin schon zu weit fortgeschritten sind. Es kann auch daran liegen, dass Sie Ihre Gedanken nicht klar zu Papier gebracht haben, dass Ihre Gegenüberstellungen unscharf bleiben, dass Ihre Argumente sich nicht mitteilen, dass Ihre Schlussfolgerungen unstimmig sind.

4. Die Souveränität
oder: Du sollst nie nur fremde Gedanken wiederholen

1 Eine schlimme Unart des philosophischen Arbeitens liegt darin, Textabschnitte aus der Primär- oder Sekundärliteratur zu paraphrasieren, um auf diese Weise Seiten zu füllen. Man ahnt bei der Lektüre vieler Arbeiten, wie der oder die Schreibende mit dem aufgeschlagenen Buch an der Tastatur saß und ohne weiteren Arbeitsschritt die eindrücklichsten Eye-Catcher einer vermeintlich wichtigen Passage nacheinander abgetippt hat. Das Resultat sind reizlose Zusammenstellungen und sprunghafte Übergänge, teilweise auch Beliebigkeiten und Dopplungen:

> Nach Gadamer hat Heidegger die Problematik der historischen Hermeneutik und Kritik nur mit Blick auf die ontologische Frage nach der Vorstruktur des Verstehens entfaltet. Für Gadamer ist Heideggers Beschreibung des hermeneutischen Zirkels dahingehend aufzufassen, dass der Zirkel nicht zu einem vitiösen wird. Vielmehr enthalte er die Möglichkeit ursprünglichsten Erkennens, jedenfalls sofern Vorhabe, Vorsicht und Vorgriff nicht unverändert weitergetragen werden, sondern als Grundlage einer vertieften Ausarbeitung dienen. Gadamer bekräftigt Heideggers Auffassung, dass echte Auslegung gegen Willkür von Einfällen und Gewohnheiten abzusichern sei und den Blick „auf die Sachen selber" zu richten habe. Dies sei in der Tat „die erste, ständige und letzte Aufgabe". Er führt aus, wie Heidegger die Sinnbewegung des Verstehens und Auslegens als ständiges Neu-Entwerfen kenntlich macht. Dabei rückt der Begriff des Vorurteils ins Zentrum seiner Untersuchung. Dieser Begriff sei durch die Aufklärung diskreditiert worden. Tatsächlich bildeten Vorurteile aber – bei entsprechender Revisionsbereitschaft und -fähigkeit seitens des Rezipienten – Bedingungen des Verstehens. Vorur-

teile können letztlich als „*die geschichtliche Wirklichkeit seines Seins"* gelten (S. 281).

In der Abfolge liest sich dieser Absatz wie die Zusammenfassung eines Fußballspiels: Es hat den Anschein, als würden aus einem völlig externen Gedankengeschehen einzelne Highlights herausgegriffen und in Form von Kurzeinstellungen und Beweisfotos präsentiert. Als Leser fragt man sich unwillkürlich, ob nur die tatsächlich in Anführungszeichen stehenden Passagen Zitate sind oder ob am Ende das Ganze nur eine schlecht verhohlene Abschrift darstellt: Verdachtsmomente sind der überhandnehmende Konjunktiv und die permanente Einflechtung von Signalwörtern („nach Gadamer", „für Gadamer") bzw. die aufwendige Konstruktion von Referatsätzen („Gadamer bekräftigt", „Gadamer führt aus"), während die eigentliche Aussage in Nebensätze rutscht. Tatsächlich ist die obige Passage nichts als eine flüchtige Raffung von Zentralwörtern und Überschriften aus Gadamers *Wahrheit und Methode*, S. 270–281. Das zugestandene wörtliche Zitat am Ende ist in diesem Zusammenhang nahezu irreleitend, weil der *ganze Abschnitt* nur aus wörtlich übernommenen Satzbrocken und Zentralbegriffen zusammengesetzt ist. Eben deshalb ist er auch so gut wie unlesbar: Wenn Sie kein Wort verstanden haben, liegt es nicht daran, dass die Gedanken maßlos schwierig wären, sondern daran, dass sie in keinen eigenständigen Zusammenhang eingebettet sind.

Auch in anderen Wissenschaften ist die Methode des passagenweisen Abschreibens inakzeptabel. In der Philosophie, als der Kunst des Denkens und Argumentierens schlechthin, ist sie ein Verbrechen. Es geht in der Philosophie niemals darum, *fremde Gedanken* aneinanderzureihen – selbst dann nicht, wenn das Thema Ihrer Arbeit ausdrücklich die Darstellung der Argumentation eines anderen Autors ist. Auch in diesem Fall geht es vielmehr darum, diese Gedanken zunächst aufzunehmen – und sie dann innerhalb eines *eigenen Argumentationsgangs* sinnvoll zur Geltung zu bringen. Was hier gefordert ist und was Ihre eigentliche Leistung als angehender Wissenschaftler darstellt, ist also ein Zwischenschritt, der mit dem auszughaften Paraphrasieren gerade ausgelassen wird: Sie können nicht einfach mit einem Textmarker durch Ihre Quellen gehen und die hervorgehobenen Stellen dann zu einem leidlich eigenen Text zusammentippen. Vielmehr müssen Sie Ihre Quellen zuerst gedanklich *verschlingen und verdauen.* Und dann müssen Sie sie in *einem neuen, Ihrem eigenen* Gedankengebäude wiedererstehen lassen. Hier ein Eindruck davon, wie die obige Passage aussehen könnte, wenn dieser Schritt vollzogen worden wäre. Dass sie nun viel leichter lesbar ist, liegt nicht daran, dass sie auf wesentliche Gehalte verzichten würde, sondern daran, dass sie eine selbstständige Gedankenfolge entwickelt, welche die thematisierte Idee in einer eigenen Systematik darstellt, statt deren zentrale Komponenten lediglich in der originalen Reihenfolge zu wiederholen:

Gadamer sind an Heideggers Hermeneutik vor allem jene „Vor-Strukturen" wichtig, die Heidegger mit Begriffen wie „Vorhabe", „Vorsicht" und „Vorgriff" kennzeichnet. Wesentlich ist hierbei die Einsicht, dass der Interpret stets mit bestimmten Auffassungen, Einstellungen, Überzeugungen an einen Text herantritt. Das Ziel des Verstehens liegt nun nicht darin, diese Einstellungen vollständig preiszugeben und an ihre Stelle unmittelbar die Gehalte des Textes selbst zu setzen. Vielmehr soll der Interpret von seinem Vor-Verständnis ausgehen, sich damit auf den Text einlassen und schließlich, bereichert und verändert durch das, was er gelesen hat, zu seiner Position zurückkehren. Dieser „hermeneutische Zirkel" stellt keinen Teufelskreis dar: Mit ihm verharrt der Interpret nicht unbelehrt in den eigenen Überzeugungen, und er zwingt dem Text auch keine willkürlichen Einfälle auf. Vielmehr lässt er sich dessen Gehalte mitteilen und überführt so das eigene Vorverständnis in ein wirkliches Verstehen. Sogar der seit der Aufklärung negativ konnotierte Begriff des „Vorurteils" kann innerhalb dieser Konzeption rehabilitiert werden: Vorurteile, eben im ursprünglichen Sinne von „Vor-Urteilen", benennen jene Bewertungsbasis, von der aus man sich einem fremden Text überhaupt nur nähern kann. Vorurteile sind damit Bedingungen des Verstehens, notwendige Ausgangspunkte des hermeneutischen Zirkels. Dessen erfolgreiches Durchschreiten hängt freilich davon ab, dass man nicht unverändert auf diesen Vorurteilen beharrt, sondern bereit und fähig ist, sie durch das Gelesene zu revidieren.

Natürlich müssen Sie anschließend überprüfen, ob Sie den Originalgedanken in Ihrer Darstellung noch gerecht werden. Das kann gelegentlich unangenehm sein: Manchmal hat man sich voreilig auf eine Interpretation versteift, die einem passend erschien, und legt fremden Autoren Thesen in den Mund, die man gern von ihnen hören würde. *Dass* Sie aber eine Interpretation haben, *dass* Sie etwas von anderen Autoren hören wollen, ist für sich genommen ein gutes Zeichen: Es heißt, dass Sie einen eigenen Gedanken haben. Diesen sollen Sie auch unbedingt ausführen. Nur müssen Sie eben darauf achten, dass Sie Ihre Gewährsleute richtig wiedergeben. Wenn Sie also merken, dass Sie von dem abweichen, was Ihre Quelle tatsächlich enthält, sollten Sie keineswegs unglücklich sein und womöglich aus Scham diese Abweichung verstecken. Vielmehr sollten Sie froh sein, dass Sie offenbar etwas Eigenes zu entwickeln beginnen, und dies in Kontrast stellen zu dem, was der andere schreibt. Genau dieser Kontrast kann dann der wesentliche Gehalt Ihrer Arbeit werden. Aber vergessen Sie dabei nicht, Ihren Referenzautor korrekt und fair darzustellen, wenn Sie Ihre Gegenthese entwickeln (vgl. das 5. Gebot).

Bei all Ihrem Schreiben müssen Sie der Meister Ihres Textes bleiben. Sie müssen wissen, weshalb in Ihrem Text was steht. Viele Studierende lassen sich ihre Manuskripte von anderen Autoren diktieren, in der Hoffnung, dass diese Autoritäten schon dafür sorgen werden, dass die eigene Arbeit die Begutachtung übersteht. Dieses Verfahren ist aber sofort erkennbar und das Resultat eine schlecht versteckte Sammlung von fremden Gedanken:

> Aristoteles' Logik ist originär seinsbezogen. Seine Metaphysik hat das allgemeine Sein zum Thema, das überall sich findet, also das Sein als solches und was damit zusammenhängt. Er schreibt, es gebe eine „Wissenschaft, die das Sein als solches betrachtet und alles, was ihm wesenhaft zukommt". Also ist Metaphysik letztlich Ontologie. Alle Einzelwissenschaften brauchen bestimmte Begriffe, etwa Identität, Gegensatz, Ganzes oder Notwendigkeit. Das allgemeine Sein liegt dabei allen Seinsbezirken zugrunde, gewissermaßen lebt alles von ihm. Damit ist die Metaphysik auch die Wissenschaft vom Ersten und Ursächlichen. Als dritte Definition gibt er an, sie sei die Wissenschaft vom Unbewegten und für sich Seienden, damit also die Wissenschaft von Gott als dem unbewegten Beweger. Damit kann er die Metaphysik auch „Theologik" nennen. Dadurch wird sie aber nicht zu einer Teilwissenschaft, sondern nur zu einer Verlängerung der Wissenschaft vom Sein. Denn das Sein als solches führt auf die Frage nach dem letzten Grund dieses Seins. Und die Frage nach dem Grund ist ein Hauptgesichtspunkt von Aristoteles' Ontologie. Theologik ist damit Abschluss und Krönung der Metaphysik.

Hier merkt der Leser rasch, dass der Schreibende nur zusammengestellt hat, was in anderen Büchern steht. Der Text steckt dadurch voller Fremdkörper, was sich nicht zuletzt durch die häufige Verwendung ungebräuchlicher Begriffe verrät („Seinsbezirke", „Theologik"). Die Eigenheiten des Schreibenden stehen dem recht unvermittelt gegenüber, vor allem in Gestalt der sprachlich steifen und argumentativ holpernden Aneinanderreihung (gleich zu Anfang etwa in dem unvermittelten Sprung von der Logik zur Metaphysik oder auch in dem unbeholfenen „also", dem wiederholten „damit", den fehlenden Verbindungen). Der Leser darf ziemlich sicher sein, dass auf die Nachfrage, was das Ganze überhaupt heißen soll, der Schreibende keine Antwort hätte – weil es eben nicht seine eigenen Gedanken sind. Dementsprechend wird ein Dozent diese Arbeit auch bewerten – als kaum verhohlenes Zitat. Der Passus ist in der Tat eine schlechte Kopie aus Johannes Hirschbergers *Geschichte der Philosophie*, Bd. 1, S. 158 f. Besonders verräterisch und unschön, bei diesem Vorgehen aber unvermeidlich, ist der Wechsel zwischen abgeschriebenen hochtrabenden Einzelformulierungen, in denen etwa von „Abschluss und Krönung" die Rede ist, und eher plumpen eigenen Einfügungen, in denen beispielsweise „Metaphysik letztlich Ontologie" ist. Wieder gilt: Falls Sie kein Wort von diesem Text verstehen, ist der Grund nicht, dass er inhaltlich unglaublich schwierig wäre. Der Grund ist allein, dass er formal völlig unzusammenhängend ist. Ich habe ihn selbst geschrieben, und ich verstehe ihn inzwischen auch nicht mehr.

Wenn Sie also fremde Texte rezipieren, dann schneiden Sie nicht unmittelbar Ihre eigene Arbeit daraus zusammen. Lassen Sie sich vielmehr von diesen Texten *zunächst* etwas sagen. Entwickeln Sie *dann* Ihren eigenen Gedanken, und geben Sie *diesen* in Ihren eigenen Worten wieder. Hier ein Vorschlag, wie der obige Absatz nach einem solchen Zwischenschritt aussehen könnte. Dass er nebenbei etwas kürzer geworden ist, liegt schlichtweg daran, dass er auf Überflüssiges verzichtet. Was überflüssig ist, lässt sich aber überhaupt nur entscheiden, wenn sich ein eigener Gedanke zum Ausdruck bringt:

Das Zentralthema von Aristoteles' Metaphysik ist das Sein in seinem allgemeinsten und grundsätzlichsten Sinne. Metaphysik bei Aristoteles ist also zunächst einmal *Ontologie*, die „Wissenschaft, die das Sein als solches betrachtet und alles, was ihm wesenhaft zukommt". Jenes allgemeine Sein liegt aber jedem konkreten Sein zugrunde. Auf diese Weise gelangt Metaphysik bei Aristoteles zweitens in den Rang einer „ersten Philosophie", einer *Fundamentalwissenschaft*, die allen Einzelwissenschaften von den spezielleren Seinsformen vorausgeht. Schließlich befasst sie sich auch mit der Frage nach dem letzten Grund allen Seins, nach dem unbewegten Beweger, der hinter aller Veränderung steht. Somit umfasst die Metaphysik zuletzt auch die *Theologie*, als ihren grundlegendsten und abschließenden Teil.

Die *Inhalte* Ihrer Arbeit können beliebig schwierig sein. Aber die *Darstellung* Ihrer Arbeit sollte möglichst einfach sein. Erst wenn Sie zu solcher Einfachheit der Darstellung imstande sind, haben Sie sich den Stoff wirklich angeeignet. Erst wenn Sie diesen Schritt absolviert haben, können Sie sich gewinnbringend den eigentlich interessanten, nämlich den inhaltlichen Schwierigkeiten widmen (vgl. das 6. Gebot).

3 Eine naheliegende Frage in diesem Zusammenhang ist, wie viele wörtliche Zitate Sie überhaupt in Ihre Arbeit aufnehmen sollten, sei es als einzelne Begriffe in Ihrem Fließtext, sei es als komplett übernommene Passagen zwischen den Absätzen. Eine Faustregel hierfür gibt es nicht, der angemessene Umfang kann stark schwanken, nicht zuletzt zusammenhängend damit, ob Sie eine eher historische oder eine eher systematische Arbeit schreiben (vgl. das 1. Gebot). Sicherlich sollten Sie aber in der Lage sein, jedes Zitat auf Nachfrage zu rechtfertigen. Gehen Sie also kritisch mit sich zu Rate, wenn Sie zitieren: Handelt es sich um einen aussagekräftigen Originalbegriff, dessen Verwendung viel über die Position des Autors aussagt oder den er vielleicht sogar selbst geprägt hat? Handelt es sich um eine gelungene Zentralpassage, die besonders eindringlich ist und an die Sie weitere Untersuchungen anknüpfen können? Es ist sehr unangenehm für Ihren Leser, wenn er bei der Lektüre den Eindruck gewinnt, dass Ihre Verwendung von Zitaten letztlich beliebig ist. Verheerend ist es, wenn er das Gefühl gewinnt, Sie wollten lediglich dokumentieren, welche Texte Sie gelesen haben (vgl. das 9. Gebot).

Was immer Sie schreiben, es muss Ihr Text sein. Was immer Sie sagen, es muss Ihr Gedanke bleiben. „Ihr Gedanke" meint dabei nicht unbedingt ein gleichrangiges Alternativangebot: Wenn Sie über Platons Darstellung der Staatsformen schreiben, müssen Sie nicht nebenbei eine eigene Verfassungstheorie entwerfen. Wenn Sie über Thomas von Aquins Untersuchung der Leidenschaften arbeiten, müssen Sie nicht nebenher eine eigene Emotionenlehre abliefern. „Ihr Gedanke" bedeutet lediglich eine eigenständige Reflexionsperspektive: Jeder Satz muss *Ihre Sichtweise* von Platons Argumentation wiedergeben, wie eng Sie sich auch an seine Primärtexte halten. Jede Passage muss *Ihre Deutung* von Thomas von Aquins Systematik vermitteln, wie stark Sie sich dabei auch von Sekundärliteratur unterstützen lassen.

Also: Sie sollen *nie* einfach nur wiederholen. Das gilt selbst für Haus- und Seminararbeiten, die einen bestimmten, fest umrissenen Textauszug zum Gegenstand haben. Auch hier müssen Sie diese Passage in sich aufnehmen und dann zu einer eigenen Darstellung verarbeiten. Wie treu Sie eine fremde Theorie auch präsentieren: Es muss stets *Ihre* Präsentation sein. Das gibt Ihnen eine gewisse Freiheit, über die Sie sich freuen sollten. Aber es bürdet Ihnen auch eine große Verantwortung auf, der Sie sich stellen müssen.

5. Das Urteil
oder: Du sollst ein fairer Richter sein

1 Die Fähigkeit, über die Qualität von Argumenten zu urteilen, ist das wesentliche Ziel Ihrer Ausbildung: Als Philosoph bewegen Sie sich in Bereichen des Denkens, in denen typischerweise keine empirischen Belege und keine algorithmischen Beweise greifen können. Ob Platon mit seiner Konzeption der Ideen, ob Heidegger mit seiner Interpretation des Daseins Recht hat, kann man nicht aus statistischen Erhebungen und nicht aus formallogischen Deduktionen erfahren. Hier sind Begründungen anderer Art zu liefern. Als Philosoph müssen Sie lernen, gute von schlechten Begründungen dieser anderen Art zu unterscheiden. Es ist das Privileg Ihres Studiums, dass Sie diese Fähigkeit von Ihrem ersten Semester an und gegenüber den ehrwürdigsten Texten entwickeln und erproben dürfen: Sie sollen nicht nur lernen, was Cicero und Hegel gesagt haben oder welche Einstufungen ihre Theorien in der Sekundärliteratur erfahren. Sie sollen auch beurteilen, wie gelungen diese Ausführungen und wie stimmig jene Klassifizierungen sind. Dies gilt von Ihrem allerersten Seminar an, und es gilt auch und gerade für Ihre schriftlichen Arbeiten.

Wenn man als Dozent Studierende zu dieser Urteilsbildung anhält, kommt es leider mitunter vor, dass über das Ziel hinausgeschossen wird: Manche Studierenden fühlen sich unvermittelt zu recht gewagten Stellungnahmen ermutigt, indem sie etwa erklären, die politische Theorie von Aristoteles sei generell inkonsistent oder der kategorische Imperativ von Kant sei grundsätzlich inhaltsleer. Thesen dieser Art sollten Sie sich für Lebensphasen aufheben, in denen Sie von berufener Seite unter Genieverdacht gestellt wurden und existenziell abgesichert sind. Gegenwärtig bringen Sie Ihren Betreuer mit derartigen Ausführungen in Verlegenheit. Selbst bei weniger etablierten Autoren und Werken sollten Sie Formulierungen wie „Der Ansatz von X ist damit hinfällig", oder „Die Theorie Y ist folglich zum Scheitern verurteilt" weitgehend meiden: *Gescheitert sind in der Tat nur sehr wenige Ansätze in der Philosophie.*

Falls Sie einen fremden Gedanken angreifen, so sollten Sie unbedingt die folgende oberste Regel guten wissenschaftlichen Disputs beherzigen: *Machen Sie Ihren Gegner stark und nicht schwach.* Wenn Sie eine Theorie kritisieren, dann ziehen Sie nicht ihre schwächsten, sondern ihre stärksten Aspekte heran. Wenn Sie einen Autor zurückweisen, dann zitieren Sie nicht seine Ausrutscher, sondern seine Höhenflüge. Erst damit werden Sie fremden Gedanken gerecht, und nur hierdurch kann Ihre Arbeit die Wissenschaft voranbringen. Der Rest ist rhetorisches Geplänkel, das allein dem oberflächlichen Sieg, nicht aber der philosophischen Erkenntnis dient.

Leider ist diese Art von Geplänkel tief in die allgemeine Argumentationskultur der Philosophie eingezogen. Man orientiert sich an den Mängeln der angegriffenen Theorie, um sie beiseite zu fegen, und ignoriert ihre Stärken, von denen man lernen könnte. Sicherlich hat Aristoteles Unrecht, wenn er Sklaverei für legitim hält. Solange man aber nicht belegen kann, dass dieser Standpunkt seiner politischen Theorie notwendig inhärent ist, kann man diese Lehre auch nicht als Ganze vom Tisch wischen, indem man auf diesen (in der Tat schlimmen) Teilirrtum verweist. Gewiss hat Kant Unrecht, wenn er fordert, einen unschuldig Verfolgten auf Nachfrage an seine potentiellen Mörder zu verraten. Aber auch hier muss man sorgfältig prüfen, ob sich diese Konsequenz zwingend aus dem kategorischen Imperativ ergibt (das ist wahrscheinlich nicht der Fall), ehe man erklärt, dass dieses Moralprinzip somit offensichtlich verfehlt sei.

Solche vorschnellen Zurückweisungen werden mitunter zu folgendem Argumentationsverfahren ausgebaut: Man handelt alle Gegenpositionen ab und erklärt sie mit verschiedensten Argumenten für unhaltbar, so dass zum Schluss nur noch die eigene Position übrig bleibt. Diese genauer zu begründen und auszuführen, kann dann leider aus Platzgründen nicht mehr geleistet werden. Ein solches Vorgehen ist schon in der Durchführung überaus brüchig: Darf man wirklich sicher sein, *alle* Gegenpositionen berücksichtigt zu haben? Diese Gewissheit hat man selten, weil in der Philosophie immer wieder neue Theorien aufgestellt oder alte Ansätze maßgeblich ergänzt und modifiziert werden. Sind diese Gegenpositionen wirklich *unhaltbar*, oder hat man sie mit Argumenten angegriffen, die eigentlich nachrangig oder vielleicht sogar untereinander unverträglich sind? Die Methode als solche verführt jedenfalls in hohem Maße dazu, den Gegner schwach und nicht stark zu machen, weil der eigene Erfolg maßgeblich davon abhängt, dass eine völlige Zurückweisung sämtlicher Alternativen gelingt. Nicht zuletzt ist das Ergebnis dieses negativen Vorgehens recht unbefriedigend: Dass eine Position nur deshalb richtig sein soll, weil alle anderen *falsch* sind, dass ein Gedanke allein darum gelten soll, weil er als einziger *übrig* geblieben ist, verschafft keinen großen Erkenntnisgewinn. Den hat man erst, wenn man einen Gedanken positiv entwickelt und hierdurch in seiner vollständigen Gestalt herausarbeitet. Negative Beweise haben in der Mathematik ihren Ort, weil hier die Alternativen in der Tat *vollständig benennbar* und *streng widerlegbar* sind. In der Philosophie haben sie einen schalen Beigeschmack, weil hier eine Begründung nicht nur zeigen soll, *was* richtig ist, sondern auch erhellen muss, *warum* es richtig ist.

Andere Studierende verlegen ihre Urteile in die Schlussabschnit- **2**
te und -kapitel ihrer Arbeiten, ohne dass ihre Bewertungen in
irgendeiner Weise vorbereitet wurden: Nachdem Seiten über Seiten mit braven Referaten und ermüdenden Paraphrasen gefüllt
wurden (vgl. das 4. Gebot), wird unvermittelt gegen Ende eine
Bewertung des Typs „Insgesamt finde ich die These X wenig
überzeugend" oder „Im Gesamturteil kann man Y durchaus zu-
stimmen" nachgeschoben, ohne dass hierfür irgendeine Begründung gegeben wird. Tatsächlich müssen Sie Ihr Urteil aber am
besprochenen Text aufweisen, innerhalb der Darstellung selbst
entwickeln.

Ihre Einschätzung kann somit nicht ein angehängtes
Schlusscredo nach einer bloßen Beschreibung sein, sondern
muss Ihre Besprechung von Beginn an leiten. Wenn Sie ein Argument für schwach halten, dann müssen Sie belegen, wo es
unbewiesene Prämissen oder nachweisliche Lücken enthält.
Wenn Sie von seiner Qualität überzeugt sind, dann müssen Sie
aufzeigen, wo es anderen Entwürfen überlegen ist und welche
raffinierten Gedankengänge es enthält. Genau diese Erfordernis-
se können das Thema und die Struktur Ihrer Arbeit in weiten
Teilen vorgeben (vgl. das 1. und 2. Gebot). Sie können aber nicht
durch isolierte Schlussbewertungen des „Ich finde"-Typs reali-
siert werden. Ihre Stellungnahme darf nicht ein subjektives Ge-
schmacksurteil sein, das Sie im Stile einer Stimmungsäußerung
nachreichen. Sie muss ein objektives Qualitätsurteil sein, das Sie
über die Argumentation Ihres Textes konsequent vorbereitet haben. Streichen Sie also „Ich finde" aus Ihrem Wortschatz.

Ein drittes Phänomen besteht darin, dass manche Studierende **3**
von Beginn an nur ihre eigene Perspektive vortragen und gar
nicht mehr auf den jeweiligen Autor eingehen, mit dem sie sich
eigentlich auseinandersetzen sollen. Es ist ein Essay über Aristo-

teles' Deutung der Glückseligkeit zu schreiben; was entsteht, ist eine freie Assoziation zum Glücksgedanken, in der Aristoteles' Argumente gar nicht mehr vorkommen. Erwartet wird eine Hausarbeit über Kants Friedensschrift; was geliefert wird, ist eine eigene Friedenskonzeption, in der von Kants Überlegungen gar keine Rede mehr ist. Hiermit wird natürlich schon rein formal die gestellte Aufgabe verfehlt. Außerdem ist dieses Vorgehen inhaltlich wenig ertragreich. Denn bei aller Distanz, die Sie gegenüber älteren Auffassungen bewahren mögen, haben Aristoteles und Kant durchaus ein paar beachtenswerte Gedanken zum Thema beizutragen, und bei allem Vertrauen, das Sie in Ihre eigenen Fähigkeiten setzen, könnten Ihre Erörterungen aus diesen Einsichten allemal Gewinn ziehen. Ja, es soll *Ihr Text, Ihr Gedankengang* sein (vgl. das 4. Gebot). Aber Sie schreiben nun einmal *zu Aristoteles, zu Kant,* und deshalb sollte sich Ihr Gedankengang auch mit Aristoteles', mit Kants Vorschlägen befassen. Sie können dabei ohne Weiteres ein eigenes systematisches Raster entwickeln. Aber achten Sie darauf, dass in diesem Raster die wesentlichen Züge der behandelten Theorie auf korrekte Weise abgebildet werden.

Es ist normal in der Philosophie, seine Urteile bereits recht früh zu entwickeln. Schon die ersten Zeilen, die Sie von einem Text lesen, schon die ersten Komponenten, die Sie von einer Theorie kennenlernen, können attraktiv oder unattraktiv auf Sie wirken. Solche frühen Einschätzungen und Stellungnahmen sind ein gutes Zeichen: Offenbar hat das Gesagte in Ihnen Resonanz erzeugt, positiver oder negativer Art. Diese Resonanz kann Ihnen Energie und Stoff liefern, um Ihre Arbeit weiterzutreiben. Es wird Sie drängen, sich zu dem Thema zu äußern, Sie werden von konkreten Fragen heimgesucht werden, an denen Sie Ihre Arbeit entwickeln können. Wichtig bei alledem ist nur, dass Sie Ihre erste Einschätzung revisionsoffen halten: Versteifen Sie sich nicht, werden Sie nicht unbelehrbar, sondern bleiben Sie empfänglich für das, was Ihnen der Text, der Autor, ein anderer Vertreter jener Position und nicht zuletzt Ihr Dozent zu sagen hat. Wenn man urteilen darf – und als Philosoph dürfen und sollen Sie das –, dann schließt dies zugleich eine Pflicht ein: nämlich fair zu sein.

6. Der Stil
oder: Du sollst deine Sprache verfeinern

1 Eine wissenschaftliche Arbeit erfordert einen schriftlichen, keinen mündlichen Stil. Genauer gesagt erfordert sie einen akademischen, keinen essayistischen Stil. Im Deutschen ist es eine umstrittene Frage, ob man deshalb die Ichform im wissenschaftlichen Schreiben strikt meiden sollte. Zumindest sollten Sie nicht ein biographisches Ich verwenden („Ich habe einmal selbst erlebt ...", oder auch „Ich finde ..."), sondern allenfalls ein funktionales Ich („Ich werde in Abschnitt 5 zeigen ...", oder auch „Meine Zentralthese lautet ..."). Die Verwendung von „wir" ist ebenfalls kritisch. Dies gilt zumindest für die den Leser vereinnahmende Redeweise („Wir stoßen hier auf ein Problem ..."), weniger für die funktionale Bezeichnung eines Autorenkollektivs („Wir haben in dieser Arbeit argumentiert ..."). Die Anrede des Lesers ist generell zu vermeiden. Zwar sollten Sie die Perspektive und die Erwartungen Ihres Lesers stets im Blick haben, wenn Sie schreiben, aber sich direkt mit „Sie" oder gar „du" an ihn zu wenden, ist absolut tabu. Ebenso haben Emotionalitätskundgaben etwa in Form von Ausrufezeichen in Ihrem Text nichts zu suchen. Gleiches gilt für Erzählendes oder Humoristisches. (Diese Handreichung habe ich an einem sonnigen Samstag zu schreiben begonnen, und zwar *nicht* als wissenschaftlichen Text. Deshalb ist sie *keinesfalls* ein Vorbild für Sie!)

Was guter Stil ist, darüber gibt es unterschiedliche Auffassungen. Das Spektrum ist weit, und Sie sind vergleichsweise frei, Ihren Stil selbst zu finden und zu verbessern. Ein paar Grundregeln gibt es allerdings, an die man sich halten sollte. Nicht zuletzt leidet speziell das deutsche akademische Schreiben an gewissen Ausuferungen, die Sie vermeiden sollten.

Passivkonstruktionen sollten nicht überhandnehmen. Sie entstehen teilweise unvermeidlich, gerade wenn man, wie oben nahegelegt, die Ichform umgeht: Statt „Ich zeige in Kapitel 4" heißt es dann eben „In Kapitel 4 wird gezeigt". Aber wenn solche Passivkonstruktionen zu dicht aufeinander folgen, sollte man versuchen, zumindest einige von ihnen zu eliminieren und durch geeignete Alternativen im Aktivmodus zu ersetzen.

Substantivismus ist eine deutsche Krankheit. Doch mit etwas gutem Willen kann man viele Substantivgebilde in Verbalwendungen auflösen und die Sprache damit geschmeidiger machen. Niemand muss einen Satz schreiben wie:

Eine Verdeutlichung von Kants Beweisziel erfolgt durch eine genauere Analyse der transzendentalen Deduktion unter besonderer Berücksichtigung der darin hergestellten Bezüge zur Urteilstafel.

Verben machen tote Sätze lebendig:

Kants Beweisziel lässt sich deutlicher machen, indem man die transzendentale Deduktion genauer analysiert und insbesondere berücksichtigt, welche Bezüge zur Urteilstafel darin hergestellt werden.

Dass man zu lange und zu verschachtelte Sätze aufteilen und glätten sollte, ist weitgehend bekannt. Im Deutschen sind solche Verschachtelungen besonders unangenehm, weil deutsche Nebensätze die Verben ans Ende stellen und hierdurch das Verständnis der Konstruktion, insbesondere wenn weitere Einschübe, die teilweise, auch wenn man sie, vielleicht weil man es als besonders wissenschaftlich, sofern man diesen Begriff hier, wo er wohl am wenigsten angebracht ist, verwenden will, empfindet, für wichtig hält, gar nicht nötig wären, hinzukommen, stark verzögert oder sogar gänzlich unmöglich wird. Gelegentlich verdankt sich die Entstehung ähnlich unleserlicher Konstruktionen auch einer Verbindung der im vorangehenden Absatz mit Blick auf ihre dem Textfluss abträgliche Steifheit kritisierten Erscheinung des Substantivismus mit dem an der vorliegenden Stelle diskutierten und vergleichbare Ungelenkheit des Ausdrucks offenbarenden Bestreben nach in ihrer Struktur undurchdringbaren Verschachtelungen zum Phänomen einer sich im Überfluss ergebenden Verwandlung von Nebensätzen in von ihrer Grammatik her sicherlich korrekt verfasste und doch von ihrem Aufbau her kaum mehr zu entwirrende Partizipialkonstruktionen. Ein einfach gebauter Satz mag sich in Ausnahmefällen über sechs Zeilen erstrecken, ohne dass das Lesen Probleme bereitet. Wenn er aber nicht nur Aufzählungen, sondern zahlreiche Subkonstruktionen enthält, sollte man irgendwann Gnade mit seinen Lesern haben und ihn in zwei oder mehr Sätze zerlegen. Einzig ein Kleingeist bildet sich ein, er hätte wichtige Gedanken zustande gebracht, nur weil er sie in Satzmonstren fasst, die niemand ohne Schere durchdringen kann.

Die Verwendung von Fußnoten sollten Sie nicht übertreiben, jedenfalls sofern diese nicht allein Zitatnachweise enthalten, sondern Text. In manchen akademischen Disziplinen ist der Fußnotengebrauch inzwischen zu einer Seuche geworden, und man findet keinen Satz mehr, in dem nicht jedes zweite[1] Wort[2] mit[3] einer Anmerkung[4] ausgestattet wäre. Ein solches beständiges Einschieben und Anmerken[5] hat nichts mit Wissenschaftlichkeit[6] zu tun,[7]

---

1   Oder auch dritte.
2   Vor allem: Substantive, Verben, Adjektive.
3   Seltener auch: Präpositionen.
4   Über deren Wichtigkeit man streiten kann.
5   Auch Ergänzungen, Nachbesserungen und Vorgriffe auf später Ausgeführtes sind verbreitet (vgl. Anm. 8).
6   Im Sinne von *episteme* bzw. *scientia*.
7   Auch wenn es den Eindruck erwecken soll.

sondern mit ADHS.[8] Seien Sie froh, dass diese Mode in der Philosophie[9] nicht[10] Einzug gehalten hat.

Schließlich kommt es im Deutschen gelegentlich zu einem übermäßigen Gebrauch von Anführungszeichen, die nicht Zitate markieren, sondern anzeigen sollen, dass bestimmte Begriffe gewissermaßen „distanzierend", gleichsam „metaphorisch" verwendet werden. Diese Verwendung von Anführungszeichen als „Einklammerer" oder auch „Ironisierer" mag zuweilen ihre Berechtigung haben. Bei „Häufung" sollte man aber misstrauisch werden, ob der Autor hiermit nicht eine sozusagen „unreife" Begrifflichkeit kaschiert. Oftmals steckt hinter diesem Verfahren ein mangelnder „Mut", sich offen zu jenen Konzepten zu „bekennen", die man letztlich doch verwendet, oder auch schlichte Faulheit, sich im Vorfeld wirklich „passende" Begriffe zu überlegen, welche die dergestalt eingeräumte „Unschärfe" hätten vermeiden können.

Wie eingangs erwähnt ist das Spektrum eines guten Stils weit, **2** und Sie selbst werden im Laufe der Zeit Ihren eigenen Stil entwickeln. Dabei richtet sich ein angemessener Stil sicherlich in gewissen Grenzen nach dem behandelten Gegenstand: Man schreibt über Husserl anders als über Mill oder über Peirce. Man schreibt über Phänomenologie anders als über Wissenschaftstheorie oder über Logik.

Ungeachtet dessen sollten Sie sich jedoch davor hüten, Ihre Vorbilder allzu eilfertig nachzuahmen. Vor allem sollten Sie gewisse elitäre Jargons meiden, die in manchen Strömungen gepflegt werden: Es gibt nichts Lächerlicheres als die Hundert-

---

8 Oder aber mit dem zwanghaften Bedürfnis nach Vervollständigung, Korrektur und Rückverweis auf bereits Gesagtes (vgl. Anm. 5).
9 Andere Fachbereiche erweisen sich als schwerer infiziert.
10 Besser wohl: Noch nicht!

schaften kleiner Derridas, die in der Vergangenheit ganze Fachbereiche überschwemmt haben, und wenn man Hermeneutik liebt, heißt es noch lange nicht, dass man wie Heidegger sprechen muss. Nachahmung belegt nicht Wissenschaftlichkeit, sondern Hörigkeit. Philosophie ist keine Club-Mitgliedschaft, die durch die Uniform einer Sprechweise zu dokumentieren wäre. Sie dürfen das Foto Ihres Meisters über Ihr Bett hängen, aber an Ihrem Schreibtisch sollten Sie sich nicht in seinen Klon verwandeln.

3 Grundsätzlich gilt: Wenn man etwas einfach sagen *kann*, dann *sollte* man es auch einfach sagen. *Komplexe* Gedanken indessen verlangen eine *komplexe* Sprache, sowohl was die Strukturen als auch was die Begrifflichkeiten angeht: Obgleich in der deutschen Literatur der Nebensatz gegenwärtig vom Aussterben bedroht ist, kann die Philosophie keinesfalls auf ihn verzichten. Dies erklärt sich schon daraus, dass in der Philosophie ständig Begründungen zu formulieren sind und sich Begründungen fast nur in Nebensätzen formulieren lassen. Zudem ist ein großer Wortschatz unentbehrlich, um Nuancen zum Ausdruck zu bringen. Und um Nuancen geht es in der Philosophie ganz wesentlich, etwa um die Differenzen zwischen Verstehen und Erklären, zwischen Tapferkeit und Verwegenheit, zwischen Mitleid und Mitgefühl, zwischen Implikation und Konklusion.

Darum: Lesen Sie, lesen Sie, lesen Sie. Lesen Sie auch Literatur, aber dann gute. Lesen Sie Proust, lesen Sie Dostojewskij, lesen Sie Musil. Machen Sie sich bewusst, wie diese Autoren arbeiten. Wenn Ihnen ein Absatz besonders gelungen erscheint, dann lesen Sie ihn ein zweites Mal, und werden Sie sich klar darüber, weshalb er so gelungen ist. Es wird Ihren Stil, auch Ihren akademischen Stil, bereichern. Und diesen Reichtum werden Sie brauchen, wenn Sie eines Tages innerhalb kurzer Frist eine Gedankenfolge zu Papier bringen müssen, die alles übersteigt, was Sie bisher bewältigt haben.

7. Die Korrektheit
oder: Du sollst die Regeln beherrschen

1 Ein leidiges Thema, aber es führt kein Weg daran vorbei: Sie müssen Orthographie, Zeichensetzung, Grammatik und Semantik beherrschen, oder es wird böse ausgehen.

Auf die Rechtschreibkontrolle Ihres Schreibprogramms werden Sie sich hierbei nur teilweise verlassen können. Aber zumindest sollten Sie diese Hilfe nicht missachten, und bei größeren Problemen oder auch einer erkannten Rechtschreibschwäche sollten Sie sie unbedingt in Anspruch nehmen: Es ist für Ihren Dozenten schlicht unzumutbar, einen Text abgeliefert zu bekommen, der auf Ihrem Bildschirm durchweg in bunten Farben unterschlängelt gewesen sein muss. Darüber hinaus sind Sie selbst gefragt, für die Korrektheit Ihrer Schriften einzustehen. Die Computer-Kontrolle kann hierbei nur ein Hilfsmittel sein. Für die formale Qualität Ihrer Texte tragen Sie ganz allein und ohne Abstriche die volle Verantwortung. Geben Sie daher kein Schriftstück aus der Hand, das Sie nicht sorgfältig durchgeschaut haben: Es ist Ihre Visitenkarte, und der Eindruck wird bleiben.

Es stimmt, dass die deutschen Rechtschreibregeln es inzwischen in einer Reihe von Fällen freistellen, wie bestimmte Wörter geschrieben werden. Als Philosoph sollten Sie hierbei im Zweifelsfall jene Schreibweisen bevorzugen, die den lateinischen bzw. griechischen Stämmen entsprechen, denn man darf von Ihnen erwarten, dass Ihnen die jeweilige Wortherkunft geläufig ist. Schreiben Sie also eher „Potential" als „Potenzial". Trennen Sie besser „Dia-gnose" als „Diag-nose". Außerdem sollten Sie auf Einheitlichkeit achten: Natürlich dürfen Sie „zu Grunde legen" in dieser modernen Form schreiben. Aber dann müssen Sie in Ihrem Text bei dieser Form bleiben und können sich nicht eine Seite später für „zugrunde legen" entscheiden. Ähnliches gilt für die Zeichensetzung: Wenn zwei Hauptsätze aufeinander folgen, die mit „und" oder „oder" verbunden sind, so darf man ein Komma setzen, und in diesem Buch wird durchweg so verfahren. Sie sind natürlich frei, die Variante ohne Komma zu wählen, aber dann tun Sie dies bewusst, und tun Sie es entsprechend konsequent.

Insgesamt lassen die neuen Regeln allerdings weniger Freiraum, als gemeinhin angenommen wird. Dies betrifft insbesondere die Zeichensetzung: Wenn Wortgruppen durch entgegenstellende Konjunktionen wie „aber", „jedoch" oder „sondern" verbunden sind, so ist das Komma nicht mehr fakultativ, sondern Pflicht. Wenn Infinitivkonstruktionen mit einleitenden Konjunktionen wie „statt", „ohne" oder „um" versehen sind, so erfordern sie ebenfalls ein Komma, um die Struktur zu markieren. Auch sind Nebensätze, gleichgültig ob Relativsätze, Konditionalsätze, Temporalsätze oder andere, immer noch sowohl an ihrem *Anfang* als auch an ihrem *Ende* durch Kommata abzutrennen. Kommata sind keine Schikane, sondern logische Zeichen, welche die Satzstruktur markieren. Sie gehören zum exakten *Ausdruck*, und sie sind unentbehrlich zum richtigen *Verständnis*. Wenn Sie die Kommata nach Belieben setzen, braucht Ihr Leser drei Mal so lange, um eine Passage zu verstehen. Möglicherweise versteht er sie sogar überhaupt nicht, weil er den Zusammenhang nicht erschließen kann. Nebenbei erzeugen Sie den Eindruck, diesen Zusammenhang selbst nicht zu erfassen: Wer keine korrekten Abtrennungen zwischen logischen Ebenen vornimmt, scheint seinerseits nicht zu wissen, was Hauptgedanke und was Untergedanke, was Einfügung und was Erläuterung ist.

Das folgende Beispiel gehört nicht zu den schlimmsten Passagen, **2** die man als Dozent zu lesen bekommt, aber es ist bedenklich genug:

Wittgensteins *Philosophische Untersuchungen*, bildet den markanten Punkt an dem er sich von seinem früheren Abbildtheorie der Sprache ab und einer Gebrauchstheorie zuwendet. Er entwickelt einen Ansatz, demzufolge, die Bedeutung eines Wortes nicht mehr in dem, von dem Wort bezeichnetem Gegenstand sondern durch seinen Gebrauch bestimt ist. Auswirkungen hiervon ist dass auch der Sinn von Sätzen, nicht mehr in der Angabe ihrer Verifikationsbedigung liegt.Abgesehen, davon dass er hier zu einige Beispiele bringt ist der Paragraph27 lohnenswert, wo er die Aurufe behandelt werden. Dort fragt Witgenstein, ob man noch geneigt ist, ein Wort wie „Wasser!„ eine Benennung von Gegenständen zu nennen? Wichtig als Beispiel ist ihm auch das Befehlen, das Beschreiben von einem Gegenstands und das einen Witz machen – alles Beispiele dafür das man mit der Sprache nicht immer die Welt ab bildet, wie es noch die Tese des Agustinus' war.

Der Abschnitt enthält 6 Sätze mit 140 Wörtern. Er kommt, abgesehen von stilistischen Mängeln, auf satte 35 Fehler unterschiedlichster Art. Nicht mitgezählt ist der Fehler, der in der Verwendung des Worts „lohnenswert" liegt: Dieses Wort existiert nicht, selbst wenn der Duden inzwischen resigniert und es aufgenommen hat. „Hörenswert" heißt: „wert, gehört zu werden". „Sehenswert" heißt: „wert, gesehen zu werden". „Lobenswert" heißt: „wert, gelobt zu werden". Also müsste „lohnenswert" heißen: „wert, gelohnt zu werden". Das ist offenbar Unfug. Gemeint ist entweder „lobenswert" oder „lohnend".

Prüfen Sie nach, ob Sie alle Fehler in der Passage entdecken. Wenn Sie weniger als 25 finden, sollten Sie erwägen, die Rechtschreibregeln im Duden systematisch durchzuarbeiten. Die Regeln sind nicht allzu umfangreich, und der Aufwand kann Ihnen später große Mühen und viel Ärger ersparen. Nicht zuletzt wird es Ihr Leser Ihnen danken: Sie haben wahrscheinlich gemerkt, dass man unendlich lang braucht, um diesen Abschnitt zu entziffern. Das liegt nicht zuletzt an den Mängeln in der Kommasetzung: Ständig werden falsche Erwartungen geweckt, in welchem Verhältnis die Satzteile zueinander stehen. Ständig muss man diese Erwartungen korrigieren und von Neuem mit der Lektüre ansetzen.

Machen Sie sich keine Illusionen: Eine schlechte Rechtschreibung ist kein Kavaliersdelikt, sondern ein Makel, der auf Sie zurückfällt und Ihnen anhaftet. Sie ist Zeichen von mangelnder Sorgfalt, sie macht das Lesen Ihrer Texte mühsam, Sie geht in aller Regel mit fehlender gedanklicher Disziplin einher, und sie vermittelt den Eindruck von Unreife. All dies wird sich negativ auf Ihren Erfolg auswirken: teilweise unmittelbar, insofern schlechte Gestaltung direkt zur Notenabsenkung führt, teilweise mittelbar, weil dergleichen Unsauberkeiten sich in ein Gesamtbild von Ihren Fähigkeiten einfügen, das, berechtigt oder unberechtigt, stets schwächer ausfallen wird als bei einer fehlerfreien Arbeit.

3

Besonders bedenklich wird dieser Effekt, wenn Fehler erkennbar nicht nur auf Flüchtigkeit oder Unkenntnis zurückgehen, sondern unmittelbare Mängel der Artikulation offenbaren. Es ist frappierend, wie oft in Texten von Studierenden inzwischen unvollständige Sätze auftauchen. Ein zunehmendes Problem ist auch eine verfehlte Semantik, bei der die Bezüge innerhalb eines Satzes falsch sind und Wörter aneinander gefügt werden, die schlichtweg nicht zueinander gehören:

> Platons Höhlengleichnis will zeigen, dass die Erkenntnis des Guten eine Behauptung ist, die dem Ungebildeten so abwegig erscheinen muss wie einem Höhlenbewohner das Sehen der Sonne. Der Gedanke unterteilt sich in mehrere Seinsebenen, wie er sie auch im Liniengleichnis schon dargestellt hat. Das Feuer beschreibt nun die reale

Sonne, während die Sonne die Idee des Guten ist. Dieser Begriff des Guten ist eine Entität, deren Inhalt Platon nie genauer angibt, aber als oberstes Prinzip seiner Ethik wie auch seiner Erkenntnistheorie einsetzt.

Die Passage mag einigermaßen verständlich wirken. Bei genauerem Hinsehen liegt in diesem Absatz aber so gut wie alles schief: Ein Gleichnis will nie etwas zeigen (sondern höchstens ein Autor mit seiner Hilfe). Eine Erkenntnis ist nie eine Behauptung (sondern höchstens der Inhalt einer Behauptung). Und eine Behauptung kann auch nicht so abwegig erscheinen wie ein Sehen. Ein Gedanke kann sich nicht in Seinsebenen unterteilen, und er kann auch nichts in einem anderen Gleichnis schon dargestellt haben. Ein Feuer beschreibt nichts, und die Sonne ist keine Idee. Ein Begriff ist keine Entität, eine Entität hat keinen Inhalt, und sie kann schon gar nicht als Prinzip eingesetzt werden. Für den Leser ist all dies unerfreulich, weil die Lektüre unglaublich mühsam wird und er in ständigem stillem Dialog mit dem Schreibenden steht, was dieser sich um Gottes willen bei alledem gedacht habe. Für eine akademische Arbeit, insbesondere für eine Qualifikationsarbeit im geisteswissenschaftlichen Sektor, ist eine solche Ausdrucksweise untragbar.

Gewöhnen Sie sich an, bereits sorgfältig zu sprechen, nicht erst sorgfältig zu schreiben. Man schreibt nie so, wie man spricht, selbst als perfekter Redner muss man einen anderen schriftlichen Ausdruck wählen. Aber wenn Sie sich eine korrekte Redeweise angewöhnen, wird es Ihnen die korrekte Schriftlichkeit erheblich erleichtern. Es mag spaßig erscheinen, einen lässigen mündlichen Ausdruck zu pflegen. Aber es hindert Sie daran, Ihre Sprache zu erweitern und zu präzisieren. Sprechen Sie nicht hochtrabend, sprechen Sie nicht geziert, aber entwickeln Sie eine sichere, eine reiche Sprache. Bringen Sie jeden Satz zu Ende, lassen Sie Füllwörter wie „eben", „halt", „gerade" weg, und treffen

Sie die Dinge, die Sie sagen wollen, statt sich in unscharfen Umschreibungen und zahllosen Neuanläufen zu verlieren. All das wird Ihnen helfen, wenn Ihre Tastatur Sie anstarrt.

Ähnliches gilt für die Nutzung von E-Mail und SMS. Hier haben halb-mündliche Mitteilungsformen Einzug gehalten, die auf orthographische und grammatikalische Exaktheit weitgehend verzichten. Dies mag den dortigen Zwecken nicht entgegenstehen. Aber wenn Sie sich diese Kommunikationsformen angewöhnen, wird Ihre Schriftlichkeit davon infiziert werden oder gar nicht erst zur Entfaltung kommen: Wenn Sie gewohnt sind, Ihren Bildschirm mit Emoticons und halbverstümmelten Sätzen ohne Punkt und Komma zu füllen, werden Sie kaum etwas Besseres zustande bringen, wenn Sie spät nachts Ihre Hausarbeit tippen. Deshalb: Meiden Sie ab jetzt Facebook-Deutsch und Chatroom-Höhlenmalerei. Wenn Sie schreiben, schreiben Sie. Und zwar in ganzen Sätzen und mit aller Sorgfalt.

Natürlich gelten für Studierende, die Deutsch nicht als erste Sprache gelernt haben, andere Standards als für Muttersprachler. Hier werden eine höhere Fehlerquote und ein weniger treffender Ausdruck selbstverständlich akzeptiert. Dem Grundsatz nach bleibt es aber dabei: Spätestens bei der Qualifikationsarbeit muss die Sprache sehr gut beherrscht werden. Denn Sprache ist nichts Äußerliches zum Gedanken, sondern das Medium, in dem das Gedankliche überhaupt erst Form annehmen kann. Bei Orthographie, Zeichensetzung und Grammatik können Abstriche hingenommen werden, aber Beschränkungen in der Semantik behindern die Möglichkeit, überhaupt eine treffsichere Argumentation zu entfalten. Wenn die Anforderungen zu hoch sind, sollten Sie mit Ihrem Dozenten bzw. dem zuständigen Prüfungsamt klären, ob die Arbeit vielleicht in einer anderen Sprache verfasst werden kann, etwa auf Englisch.

8. Das Internet
oder: Du sollst dich nicht in Versuchung
führen lassen

1 Ja: Es ist nützlich. Auch für Philosophen, auch für Dozenten. Auch wir suchen darin rasch zugängliche und übersichtlich angeordnete Informationen, auch wir vergewissern uns über Geburts-, Todes- und Veröffentlichungsdaten, die wir gerade nicht parat haben. Auch wir lassen uns grundsätzliche Theoriezusammenhänge darstellen, die uns nicht präsent sind, auch wir laden uns philosophische Primärtexte auf den Bildschirm, um darin schnell mit einer Textsuche bestimmte Passagen zu finden.

Aber: All dies kann nur eine Einstiegshilfe sein. All dies bedarf der Verifikation in einschlägigen Lexika, Handbüchern, Editionen. Das Internet ist mit Blick auf die Philosophie in keinem der genannten Bereiche zuverlässig oder zitierfähig, alle Angaben müssen nachgeprüft und gegebenenfalls korrigiert werden. Insbesondere *Wikipedia* hat keinerlei institutionelle Legitimation, wie sie ein von einem qualifizierten Herausgeberstab vorgelegtes Fachlexikon aufweist, und ist zudem im Bereich der Philosophie relativ schwach. Die einzige Ausnahme sind jene speziellen Internetquellen, die von fachphilosophischen Einrichtungen bereitgestellt und getragen werden. Hierzu gehört etwa die *Stanford Encyclopedia of Philosophy*, die als reines Internet-Handbuch mit eigens geschriebenen Artikeln von namentlich genannten Wissenschaftlern angelegt ist und deren Qualität im Allgemeinen sehr hoch ist.

2 Zum Themenkreis Internet gehört aber nicht nur die Frage der Verlässlichkeit von Informationen, sondern leider auch das unerfreuliche Problem gelegentlicher Betrugsfälle, in denen Studierende einzelne Passagen oder ganze Arbeiten aus dem Internet herunterladen und kopieren. Vor allem *Wikipedia* und diverse kommerzielle Hausarbeiten-Anbieter sind zunehmend Quellen solchen Missbrauchs.

Zunächst ganz pragmatisch: *Tun Sie das nicht.* Die Chance aufzufliegen ist höher, als Sie glauben. Fast jeder Dozent gibt inzwischen probeweise Textpassagen in Suchmaschinen ein und testet, ob sie abgeschrieben wurden. Philosophische Institute schaffen zudem verstärkt spezielle Software an, die entsprechende Textvergleiche umfassend durchführt und prozentuale Übereinstimmungen angibt. Wenn Ihnen dabei auch nur geringfügige Anleihen aus ungenannten Quellen nachgewiesen werden, haben Sie ein Problem. Unterschätzen Sie nicht die Verstimmung, die solch eine Entdeckung bei Ihrem Dozenten auslösen wird: Er oder sie hat sich möglicherweise mehrere Stunden mit Ihrem Text beschäftigt, um dann zu erfahren, dass all die Arbeit umsonst war, da der Text nicht bewertbar ist. Angesichts der hohen zeitlichen Belastung im akademischen Sektor dürfen Sie auf keine Kulanz hoffen.

Vielleicht fragen Sie sich, ob man wirklich so viel Aufhebens **3** davon machen sollte, wenn in der wahrscheinlich zehntausendsten Hausarbeit, die zu den beiden Formulierungen des kategorischen Imperativs verfasst wird, der Autor sich nicht nur fleißig Literatur aneignet und diese nach üblichem Muster verarbeitet, sondern sie gleich mit einem bequemen Verfahren in seinen eigenen Text integriert. Der Unterschied ist aber gewaltig. Denn es ist genau *nicht* das Ziel Ihrer Hausarbeit, fremde Gedanken unverändert in Ihren Text zu *übernehmen:* Sie sollen nicht Primäroder Sekundärtexte importieren und allein höflichkeitshalber mit Anführungszeichen versehen. Sie sollen nicht paraphrasieren und referieren (vgl. das 4. Gebot). In diesem Fall würde es in der Tat keinen großen Unterschied machen, ob Sie die Fremd-texte auszugsweise abtippen oder gleich kopieren. Es geht darum, dass Sie diese Fremdtexte *verarbeiten*, durchdenken, auswerten und dann in entsprechend *verwandelter* Form, d.h. als *Bezugsobjekte*, nicht als *Teilstücke*, in den eigenen Text aufnehmen. Wenn Sie das verstanden haben, kann es keine ernsthafte Verlockung mehr geben, Absätze oder auch nur einen einzigen Satz aus dem Internet oder aus irgendeiner sonstigen Quelle abzuschreiben und in Ihr Werk zu kopieren. Denn diese Brocken können gar nicht in den Gedankengang passen, den Sie niederschreiben. Das ist nämlich ein anderer – *Ihr eigener.*

Die zunehmend scharfe Reaktion von Dozenten auf Betrugsfälle durch Studierende gründet nicht zuletzt darin, dass auch in höheren akademischen Kreisen wissenschaftliches Fehlverhalten zu einem wachsenden Problem geworden ist: Datenfälschung und Plagiate bilden ein Phänomen, das unser Wissenschaftssystem ernsthaft bedroht. Schon deshalb können Sie, als Teilnehmer dieses Systems, kein Pardon erwarten, wenn Sie solches Fehlverhalten bereits während Ihrer Ausbildung praktizieren. Sie sind nicht mehr Schüler, bei denen „Abschreiben" als eine mehr oder weniger harmlose Mogelei gelten mag. Sie sind angehende Wissenschaftler, und in der Wissenschaft ist Abschreiben geistiger Diebstahl. Genau so wird Ihr Dozent, wird Ihr Institut, wird Ihre Fakultät Ihren Betrugsversuch werten. Die Information wird in jedem Fall an Ihren zuständigen Prüfungsausschuss weitergeleitet werden. Im Extremfall kann die Angelegenheit mit Ihrer Exmatrikulation enden, und das zu Recht.

9. Die Quellen
oder: Du sollst die Diskussion aufgreifen

Gemeinhin teilt man seine Quellen in Primär- und Sekundärliteratur ein. Primärtexte sind Werke jener Hauptautoren, deren Gedanken Sie untersuchen (Klassiker oder auch Zeitgenossen). Sekundärtexte sind Schriften, die ihrerseits auf jene Primärtexte Bezug nehmen und Interpretationen dazu anbieten oder aber zu systematischen Fragen Ihrer Ausarbeitung Stellung beziehen (in Büchern, Aufsätzen, Lexikoneinträgen oder Handbuchartikeln). Mitunter kann die Einstufung unscharf werden, wenn ein Sekundärautor sehr gewichtige und eigenständige Gedanken vorträgt und eher zum eigenständigen Diskussionspartner als zum bloßen Kommentator wird.

Grundsätzlich sind nur solche Quellen für Sie akzeptabel, die einen fachwissenschaftlichen Charakter haben: Allgemeine Nachschlagewerke, Universallexika oder Schulbücher gehören nicht dazu, ebenso wenig die Tagespresse, Sachmagazine oder Interneteinträge. Hiervon können Sie allenfalls dann abweichen, wenn Ihr Thema ausdrücklich die Verarbeitung philosophischer Inhalte in diesen Medien sein sollte (womit sie freilich nicht mehr den Status von Sekundärliteratur, sondern von exemplarischer Primärliteratur hätten). Ähnliches gilt für Gesetzestexte, Stellungnahmen, Deklarationen, Richtlinien o.Ä.: Auch dies sind keine philosophischen Gesprächspartner, die Sie als ernsthafte Quellen anführen könnten. Es kann allenfalls sein, dass sich Ihre Arbeit in philosophischer Perspektive mit den Gehalten solcher Dokumente befasst (so dass es wiederum Primärtexte, nicht aber Sekundärtexte für Sie sind).

Die übliche Frage, wie viele Quellen welcher Art Sie benutzen müssen, sollten Sie einvernehmlich mit Ihrem Dozenten klären. Hier gibt es keine Pauschalantworten, dafür aber sehr unterschiedliche Geschmäcker. Viele Studierende versuchen verständlicherweise, durch eine große Menge von zitierter Literatur ihren Fleiß und ihre Kenntnisse zu dokumentieren. Viele Betreuer nehmen diesen Aspekt in ihre Gutachten auf, um eine sichere formale Bewertungsgrundlage zu haben. Gelegentlich hat es allerdings den Anschein, als ob jenes wechselseitige Einverständnis von Studierenden und Dozenten zu einer Überbetonung des Verweisens und Referierens führt. Natürlich sind Sekundärtexte wichtig, bei Seminar- und Hausarbeiten vor allem, um ein gereiftes Verständnis des behandelten Themas zu entwickeln, bei höheren Qualifikationsarbeiten außerdem, um die aktuelle Diskussion in dem Feld überhaupt kennenzulernen und seinerseits voranbringen zu können. All dies kann aber nie Ersatz sein für die eigene Beschäftigung mit dem Primärtext bzw. dem Zentralproblem. Im Zweifelsfall ist eine erhöhte eigene gedankliche Bearbeitung dem Herbeischaffen möglichst vieler Zusatzquellen vorzuziehen.

2 Die Primärliteratur, die Sie ausgewählt haben, sollten Sie intensiv studieren und gewinnbringend in Ihre Arbeit einbauen. Nehmen Sie Ihren Leser an der Hand, lassen Sie Ihre Darstellungen klarer sein als den Originaltext selbst und markieren Sie die Eckpunkte der Argumentation. Die Sekundärliteratur, die Sie heranziehen, sollte zunächst einmal Ihnen dazu dienen, sich den Primärtext oder die Problemstellung möglichst umfassend und vertieft zu erschließen. Es spricht auch nichts dagegen, diese Perspektiven explizit in Ihre Arbeit zu integrieren. Keinesfalls aber sollten Sie sie seitenlang referieren: Wenn Sie zehn Seiten im Konjunktiv paraphrasieren, was Professor X über Wittgensteins *Tractatus* schreibt, mutieren Sie Ihrerseits zum Tertiärautor und damit zum Überflüssigsten, was es in der Welt der Schreibenden gibt. *Sekundärtexte* sollen Ihnen *sekundieren*. Das heißt, Sie müssen sie *einbauen* in Ihre Arbeit, Sie müssen sie in Ihrer Gedankenführung ernsthaft *verwenden*. Erwähnen Sie sie als Beispiele geläufiger Interpretationen, stellen Sie divergente Einschätzungen einander gegenüber. Aber verlieren Sie nie aus dem Auge, weshalb Sie das tun, d.h. was dieser Sekundärtext zu Ihrer Arbeit beiträgt (vgl. das 4. Gebot).

In vielen Haus- und Qualifikationsarbeiten fehlt eine solche selbstständige Gedankenlinie. Gerade der fleißige Einbezug von Sekundärliteratur kann dann einen völlig fragmentierten Text zum Resultat haben. Beispielsweise kann es vorkommen, dass sich Ihre Sekundärautoren in bestimmten Punkten widersprechen. Wenn Sie dann kein eigenes Grundverständnis entwickelt haben, werden Sie von diesen gegenläufigen Auffassungen hin und her geworfen werden. Sie werden abwechselnd mal die eine Seite, mal die andere Seite zitieren, und Ihr eigener Text wird sich darüber in Unentschiedenheit und Belanglosigkeit verlieren:

Für Mill ist Freiheit der höchste Wert des gemeinschaftlichen Zusammenlebens.[1] Übergeordnet ist nur das Prinzip der Nützlichkeit.[2] Man darf dies aber nicht so verstehen, als wäre die Freiheit lediglich Mittel zur Nützlichkeit.[3] Freiheit wird weitgehend instrumentell aufgefasst.[4] Der Utilitarismus ist die Primärnorm, auf die alle anderen Normen, auch Freiheit, bezogen bleiben.[5] Dennoch ist Freiheit ein eigenständiger Grundsatz.[6] Sie ist Bestandteil des Glücks.[7] Zugleich ist sie Weg zum Glück.[8]

Hier widerspricht nahezu jeder Satz dem vorangehenden: Wenn Freiheit der höchste Wert ist, kann ihr kein anderes Prinzip mehr übergeordnet sein. Wenn Freiheit nicht lediglich Mittel ist, kann sie nicht weitgehend instrumentell aufgefasst werden. Wenn Freiheit auf den Utilitarismus als Primärnorm bezogen bleibt, kann sie kein eigenständiger Grundsatz sein. Offenbar ist die zitierte Sekundärliteratur über die Frage des Verhältnisses von

Freiheit und Nützlichkeit bei Mill uneinig, und diese Uneinigkeit ist unkommentiert in den Text übernommen worden. Das Ergebnis ist eine völlige Chimäre: Die stetigen Brüche werden zwar gelegentlich durch Signalwörter wie „aber" oder „dennoch" angezeigt. Sie werden aber in keinerlei argumentatives Konzept integriert. Der Schreibende hat offenbar keine eigene Haltung zu dem Phänomen eingenommen, dass in der Sekundärliteratur Streit herrscht. Er verharrt in der Rolle eines Schülers, der lediglich wiederholt, was seine Lehrer ihm vorsagen, und völlig überfordert ist oder es vielleicht noch nicht einmal bemerkt, wenn diese Lehrer unterschiedlicher Auffassung sind.

In einer solchen Situation widerstreitender Positionen gibt es für Sie nur zwei Möglichkeiten: Entweder Sie beziehen selbst Stellung, welche Seite Recht hat. Dann müssen Sie zeigen, welcher Sekundärautor über die besseren Argumente verfügt, dann müssen Sie nachweisen, welche Auffassung durch den Primärtext stärker gestützt wird. Die Bewältigung dieser Aufgabe kann einen fruchtbaren Teil Ihrer Arbeit bilden, und deshalb sollten Sie auch nicht unglücklich über derartigen Streit sein, sondern eher zusehen, ob sich daraus nicht ein Gewinn für Sie ziehen lässt. Oder Sie bleiben in der Streitfrage neutral. Aber dann müssen Sie den Streit zumindest kenntlich machen. Dann müssen Sie die verschiedenen Positionen klar markieren und ihre jeweiligen Argumente einander deutlich gegenüberstellen.

Natürlich ist es ein Akt der Redlichkeit, insbesondere in höheren Qualifikationsarbeiten jene Quellen zu benennen, mit deren Hilfe Sie sich Ihr Thema erschlossen haben. Die Nennung sollte aber nie ausschließlich dem Zweck dienen zu demonstrieren, was Sie gelesen haben. Selbstverständlich dürfen Sekundärautoren Ihnen Stützung geben bei Interpretationen, die Sie in Ihrer Arbeit nicht vollständig entwickeln können. Und Expertenaussagen dürfen als Gewähr für Behauptungen angeführt werden, die jenseits Ihrer eigenen Fachkenntnisse liegen. Seien

Sie aber zurückhaltend damit, Ihren eigenen Betreuer als eine solche Autorität anzurufen: Das Betreuerzitat als Autoritätsreferenz ist eine sehr heikle Erscheinung im wissenschaftlichen Betrieb, und zwar für den Zitierenden ebenso wie für den Zitierten. Entsprechend wird Ihr Betreuer tendenziell gar nicht zulassen, dass Sie ihn in hervorgehobener Form als Beleg nennen (es sei denn, er gehört objektiv zu den maßgeblichen Autoren auf dem fraglichen Gebiet). Falls es doch geschieht, besteht die erhebliche Gefahr, dass der Rest der akademischen Landschaft Sie als braven Schüler abstempeln wird, der auf Befehl seines Mentors dessen Werk verkündet und selbst nicht ernst zu nehmen ist (sagen wird Ihnen das natürlich niemand).

Viele Studierende füllen Seiten über Seiten damit, Sekundärliteratur zu paraphrasieren. Und natürlich ist dies sehr verlockend: Man kann unter Beweis stellen, dass man jene Literatur wahrgenommen hat. Das Verfahren ist vergleichsweise zeitsparend und ergiebig, weil man ohne viel Aufwand eine Menge Text produzieren kann. Und man spart sich die Mühe und das Risiko, eigene Gedanken zu entwickeln und diese der Kritik auszusetzen. All dies sind nachvollziehbare Motive, aber keine guten Gründe. Sekundärliteratur ist nichts, was man aus Fleißgründen abarbeitet, aus Bequemlichkeit kopiert oder aus Besorgnis eigener Unzulänglichkeit vorschiebt. Sekundärliteratur ist etwas, das man aus Erkenntnisgründen *benutzt*. Ein letztlich durch bloßes Umformulieren produzierter Text ist nicht der eigene. Einen eigenen Text hervorzubringen, ist aber genau das, was von Ihnen erwartet wird (vgl. das 4. Gebot).

Studierende haben dieses Ziel manchmal nicht klar genug vor Augen. Gerade ein reichhaltiger Rekurs auf die Sekundärliteratur kann dann im Ergebnis zu völliger Stagnation führen. So wird es nicht selten vorkommen, dass Ihre Sekundärautoren denselben Sachverhalt weitgehend übereinstimmend beurteilen und nur in der Darstellung leicht voneinander abweichen. Wenn Sie dann keine selbstständige Argumentation verfolgen, ist die Versuchung groß, all diese Autoren nacheinander aufzulisten und die immergleiche Tatsache in jenen geringfügigen Variationen bestätigen zu lassen. Ihr Text wird hierdurch in endloser Wiederholung erstarren:

> Für Bentham entscheidet sich die moralische Qualität einer Handlung allein danach, ob sie eine Tendenz hat, das größte Glück der größten Zahl zu befördern.[1] Eine Handlung ist richtig, wenn sie die Glücksmenge in der Welt maximiert.[2] Die Summe an Glück für alle Beteiligten soll möglichst groß werden,[3] eine optimale Glücksbilanz ist somit das Ziel aller Moralität.[4] Das größte Glück der größten Zahl („the greatest happiness oft the greatest number") bildet das oberste moralische Prinzip.[5] Der Hauptsatz von Benthams Ethik ist daher die Maximierung des Glücks für alle Beteiligten,[6] diese Maximierung steht im Zentrum seines Utilitarismus.[7] Ziel allen Handelns muss die größtmögliche Summe an Glück für alle Beteiligten sein.[8]

Das Ganze könnte man in einem einzigen Satz zusammenfassen: Nach Bentham sollte die Gesamtmenge an Glück in der Welt maximiert werden. Gewiss treten in den einzelnen Aussagen gelegentlich unterschiedliche Aspekte dieser Botschaft in den Vordergrund. Mal wird darauf hingewiesen, dass es um die wahrscheinliche „Tendenz" einer Handlung zur Glücksmaximierung geht, mal wird betont, dass das Maximierungsgebot genauer die „Summe" des Glücks betrifft. Aber indem diese Aspekte nicht deutlich voneinander abgehoben werden, sondern kommentarlos in jenen Zusammenhängen verbleiben, die von den zitierten Sekundärwerken vorgegeben werden, entsteht eine planlose Aneinanderreihung: Unterschiedliche Perspektiven auf denselben Gegenstand folgen einander, überschneiden sich zum größten

Teil und bieten nur minimale Variationen. Die eingeflochtenen Verbindungswörter „somit" oder „daher" suggerieren dabei einen inhaltlichen Fortgang, der tatsächlich überhaupt nicht stattfindet. In Wahrheit tritt die Passage auf der Stelle, was den Schreibenden nicht weiter zu bekümmern scheint. Wieder bleibt er in der Rolle eines Schülers stecken, der aufsagt, was er in Büchern gelesen hat, und den es keineswegs stört oder dem es womöglich noch nicht einmal auffällt, wenn er dabei immerfort das Gleiche wiederholt.

In einem solchen Fall weitgehender Übereinstimmung in der Sekundärliteratur müssen Sie sich zwischen zwei Optionen entscheiden: Entweder Sie vertiefen die Untersuchung erheblich. Dann müssen Sie die einzelnen Gesichtspunkte voneinander trennen und mit großer Schärfe nacheinander diskutieren, dann müssen Sie die verschiedenen Kommentierungen eingehend erläutern und die feinen Nuancen zwischen ihnen klar herausarbeiten. Dies kann ein erfolgversprechendes Programm sein, vielleicht entdecken Sie unterschiedliche Ebenen der Interpretation, vielleicht können Sie versteckte Spannungen zwischen nur scheinbar gleichen Deutungen ausmachen. Oder Sie schreiben das Ganze tatsächlich in einem einzigen Satz zusammen und hängen Ihre sämtlichen Belege an diesen einen Satz. Und dann gehen Sie weiter und widmen sich dem Gedanken, den Sie eigentlich entwickeln wollen. Dann liegt Ihre Aufgabe woanders, und dieser eine Satz war nur Ihr Ausgangspunkt.

Gewiss: Ihre wirklich eigenen Gedanken bergen immer die Gefahr, dass sie abwegig und unausgegoren sind und entsprechend negativ benotet werden. Und ein schlechter Dozent wird Ihnen für das Abschreiben fremder Gedanken eine bessere Note geben als für das Entwickeln eigener. Der Sinn Ihrer Ausbildung ist aber, dass Sie eigene Gedanken entwickeln lernen. Und das können Sie nur tun, indem Sie diese Gedanken der Beurteilung und Benotung aussetzen. Natürlich sollen Sie nicht aus dem

Bauch heraus unsinnige Ideen produzieren und verkünden. Natürlich sollen Sie Ihre Gedanken sorgfältig durchformen und kritisch disziplinieren. Sie *sollen* darin die Primärliteratur behandeln. Und Sie *sollen* hierfür die Sekundärliteratur zu Rate ziehen. Der Zweck von Sekundärliteratur ist dabei aber eben nicht, nacherzählt zu werden, sondern zu Ihren Gedanken in ein stimmiges Verhältnis gesetzt zu werden. Sekundärliteratur ist für Sie Anregung und Ausgangspunkt, um Ihre eigene Fragestellung zu entwickeln. Sie ist Ergänzung und Beleg dessen, was Sie in Ihrem Projekt nicht vertiefen können. Sie ist das Korrektiv Ihrer Gedanken, wo Sie sich vorschnell in eigene Interpretationen zu verrennen drohen. Und schließlich ist sie die Gegenposition zu jener Auffassung, die Sie selbst wohlbegründet – und zwar wohlbegründet gerade durch Konfrontation mit dieser Literatur – in Ihrer Arbeit vortragen und zur Diskussion stellen.

10. Die Formalia
oder: Du sollst es deinem Leser leicht machen

Wie im Vorwort erwähnt: Nach formalen Aspekten fragen Studierende oftmals zuerst, aber Dozenten interessieren sich dafür meist am wenigsten. Deshalb stehen die Formalia hier an letzter Stelle und werden nur in aller Kürze behandelt. Insbesondere in der Philosophie sind die Standards der Textgestaltung, des Zitierens etc. ohnehin nicht besonders streng. Aber natürlich ist es praktischer für Sie, wenn Sie den Zeilenabstand von Anfang an richtig einstellen und die Zitierweise nicht nachträglich korrigieren müssen.

Bei Qualifikationsarbeiten gibt es von den Prüfungsämtern meist genaue Vorgaben, was die Länge des Textes oder auch die Gestaltung des Deckblatts angeht. Diese Vorgaben sollten Sie frühzeitig berücksichtigen, weil Nachformatierungen lästig sind. Sie werden aber merken, dass die Anweisungen meist verständlich sind und zudem längst nicht alle Details betreffen. Gerade bei Zitierweisen und Ähnlichem müssen Sie selbst überlegen, was für Ihre Belange am besten passt, damit Sie Ihren eigenen Standard frühzeitig festlegen können und sich nicht mit Nachbesserungen aufhalten müssen.

Ein Deckblatt enthält neben dem Titel Ihrer Arbeit üblicherweise Ihren Namen mit Matrikelnummer, Ihren Studiengang, Ihre Fächerkombination sowie Ihre Semesterzahl. Hinzu kommt Ihre Anschrift inklusive Telefonnummer und E-Mail-Adresse. Zusätzlich sollten Sie den Namen des Gutachters, das genaue Datum oder zumindest den Monat des Einreichens sowie den Typ der Arbeit angeben, um den es sich handelt (Studienleistung, Prüfungsleistung, BA-Abschlussarbeit, Dissertation etc.). Bei Haus- und Seminararbeiten nennen Sie zusätzlich das Semester, das Modul und die Veranstaltung, aus der die Arbeit hervorgeht. Sie können auch den Namen des Instituts dazusetzen, an dem die Veranstaltung stattfand. Allerdings sollten Sie nicht das offizielle Logo dieses Instituts oder Ihrer Universität auf das Deckblatt kopieren (solch ein Logo darf nur mit besonderer Berechtigung bzw. durch Mitarbeiter der jeweiligen Einrichtung verwendet werden).

Bei längeren Arbeiten ist ein Inhaltsverzeichnis hinter dem Deckblatt anzulegen, das sämtliche Kapitelebenen enthält, die einzelnen Kapitelüberschriften aufführt und die zugehörigen Seitenzahlen angibt. Die Schriftgröße der Arbeit sollte bei 12 pt liegen (jedenfalls bei gebräuchlichen Schriftarten). Der Zeilenabstand sollte mindestens 1,2 betragen (viele Dozenten bevorzugen bzw. viele Ämter fordern 1,5). Hinsichtlich der Seitenränder werden teilweise exakte Vorgaben gemacht. Es kommt zwar kaum vor, dass ein Dozent eine Arbeit wegen zu kleiner Randspalte zurückgibt, aber gönnen Sie ihm links und rechts mindestens 3 cm für Notizen und Anmerkungen. Mit Blick auf den Seitenumfang gibt es entweder allgemeine Richtlinien, die Sie in Ihrer Prüfungsordnung finden, oder individuelle Absprachen, die Sie mit Ihrem Dozenten aushandeln. Seitenzahlen müssen in Kopf- oder Fußzeile erscheinen. Bei längeren Arbeiten sollten Sie zudem Kapitel- oder Abschnittsüberschriften in der Kopfzeile platzieren.

Meiden Sie zu verspielte Schrifttypen oder sonstige graphische Elemente: Sie liefern einen Text ab, und in dem zählen allein Inhalt, Aufbau, Sprache und Form. Zeigen Sie, dass Sie sich dessen bewusst sind. Auch Bilder und Fotographien gehören nicht in Ihre Arbeit: Tabellen oder Diagramme können hin und wieder angemessen sein, um bestimmte Zusammenhänge, die zuvor im Text erläutert wurden, noch einmal übersichtlich zu resümieren. Aber Illustrationen oder Karikaturen, ob sie nun aus Ihrer eigenen Feder stammen oder aus anderen Quellen eingescannt wurden, sind fehl am Platze.

Die zitierte Literatur sollten Sie in einem angehängten Literatur- verzeichnis vollständig aufführen. Typische Beispiele für solche Einträge sind:

Habermas, J.: *Erläuterungen zur Diskursethik*, Frankfurt a.M. 1991.
Kant, I.: *Grundlegung zur Metaphysik der Sitten* (1785), in: Werke in sechs Bänden, hg. von Weischedel, W., Bd. 4, Darmstadt 1998.
McKerlie, D.: „Equality", in: *Ethics* 106, 2 (1996), pp. 274–296.
Scanlon, T.M.: „Contractualism and Utilitarianism", in: Sen, A.K., Williams, B.A.O. (eds.): *Utilitarianism and Beyond*, Cambridge 1982, pp. 103–128.

Wörtliche Zitate und auch nichtwörtliche Bezugnahmen auf diese Texte können Sie dann in Ihrer Arbeit mit Fußnoten versehen, in denen Sie in gekürzter Form, aber unter Nennung der relevanten Seitenzahl, auf jene vollständigen Angaben im Literaturverzeichnis verweisen. Dies kann durch Autor und Jahreszahl geschehen, also in der Gestalt „Habermas 1991, S. 34", oder „Scanlon 1982, p. 104". Bei Klassikern sollten Sie Angaben wie „Kant 1998" vermeiden, weil sie unfreiwillig komisch sind. Stattdessen sollten Sie im Literaturverzeichnis zusätzlich zur Jahreszahl der aktuellen Ausgabe auch das originale Erscheinungsjahr angeben (wie oben geschehen). Dann können Sie sinnvoll zitieren, etwa in der Form „Kant 1785". Oder Sie zitieren, zumindest bei den Klassikern, nicht mit Autor und Jahreszahl, sondern mit Autor und Titel, etwa „Kant, *Grundlegung zur Metaphysik der Sitten*". Dies ist namentlich bei sehr alten Werken teilweise unvermeidlich (weil das Jahr der Entstehung oder der Erstveröffentlichung zuweilen gar nicht bekannt ist). Die Titel können Sie auch kürzen. Insbesondere bei Klassikern gibt es gebräuchliche Sigel, wie etwa „Kant, GMS". Dieses Sigel sollten Sie dann freilich auch im Literaturverzeichnis angeben:

Kant, I.: *Grundlegung zur Metaphysik der Sitten (= GMS)* (1785), in:
Werke in sechs Bänden …

Wenn Sie in einer Fußnote auf dasselbe Werk Bezug nehmen, das
Sie bereits in der unmittelbar vorangehenden Fußnote zitiert
haben, brauchen Sie nicht wieder den kompletten Verweis aus-
zuschreiben. Stattdessen schreibt man in solchen Fällen „Ebd.,
S. 34" (Abkürzung für „Ebenda") oder „Ibid., p. 104" (Abkür-
zung für „Ibidem"). Bei Klassikern haben sich zudem teilweise
besondere Formen der Seitenangabe eingebürgert. Dort wird
nicht die Seitenzahl einer aktuellen Ausgabe genannt, sondern
die Seitenzahl einer älteren Standardausgabe. Diese klassischen
Zählungen finden Sie gewöhnlich am Rand oder in der Fußzeile
Ihrer aktuellen Ausgabe. Typische Beispiele sind die Band- und
Seitenangaben der Akademie-Ausgabe bei Kant oder die Bekker-
Zählung für Aristoteles. Kants *Grundlegung zur Metaphysik der
Sitten* wird daher üblicherweise in der Form „Kant, GMS, AA IV,
428" zitiert. Auf Aristoteles' *Nikomachische Ethik* verweist man
zumeist in der Gestalt „Aristoteles, NE, 1095a 14–20". Manchmal
kann es hilfreich sein, zusätzlich die Unterabschnitte zu nennen,
in denen sich das Zitat befindet. „Aristoteles, NE, I.2, 1095a
14–20" verweist dann in der *Nikomachischen Ethik* auf eine Stelle in Buch I, Kapitel 2, „Kant, GMS, 2. Abschn., AA IV, 428" auf
eine Passage im zweiten Abschnitt der *Grundlegung zur Metaphysik der Sitten.*

Wörtliche Zitate stehen in Anführungszeichen und sind in der
Rechtschreibung und Zeichensetzung des Originals nicht zu ver-
ändern. Hinzufügungen oder Auslassungen, die Sie vornehmen,
müssen Sie mit eckigen Klammern markieren. Das sieht zum
Beispiel so aus:

„[…] eine Handlung aus Pflicht hat ihren moralischen Wert […] in
der Maxime, nach der sie [d.h. die Handlung] beschlossen wird […]."

Im Allgemeinen setzt man nicht das gesamte Zitat kursiv. Davon ist schon deshalb abzuraten, weil man Originalhervorhebungen wiedergeben muss und diese dann zu Kursivierungen werden. Entsprechend würden diese Originalhervorhebungen unkenntlich, wenn ohnehin das gesamte Zitat kursiv erschiene. Falls Sie eigene Hervorhebungen anbringen, so müssen Sie dies kennzeichnen, indem Sie hinter den Textverweis „Hervorhebung X.Y. [Ihre Initialen]" schreiben. Ein Beispiel wäre:

> „Es ist überall nichts in der Welt, ja überhaupt auch außer derselben zu denken möglich, was *ohne Einschränkung* [Hervorhebung D.H.] für gut könnte gehalten werden, als allein ein *guter Wille.*"

Nach Möglichkeit sollten Sie Texte nicht sekundär, d.h. über andere Werke zitieren, sondern immer im Original. „Zitiert nach ..." ist die absolute Ausnahme bei Werken, die nicht in zumutbarer Weise zugänglich sind.

Geben Sie acht, wen Sie tatsächlich zitieren. Klassische Werke werden häufig von modernen Wissenschaftlern herausgegeben, aber damit sind es immer noch die Werke des ursprünglichen Autors. Wenn Sie also auf den Haupttext von Humes *Treatise of Human Nature* in der Ausgabe von D.F. Norton und M.J. Norton verweisen, dann lautet die Angabe „Hume 1739/40, 1.3.3, p. 56", nicht „Norton, Norton 2003, p. 56", und der Eintrag im Literaturverzeichnis ist:

> Hume, D.: *A Treatise of Human Nature* (1739/40), ed. by Norton, D.F., Norton, M.J., Oxford 2003.

Andererseits kann es vorkommen, dass in einer solchen Klassikerausgabe eine Einleitung oder ein Nachwort der Herausgeber oder einer anderen Person mit abgedruckt ist. Und zuweilen werden Sie diesen Text zitieren wollen. Das hat dann natürlich zu erfolgen als „Norton 2003, p. I 29", nicht als „Hume 1739/40, p. I 29", und für diese weitere Quelle brauchen Sie, auch wenn sie in dem anderen Werk mit abgedruckt ist, einen eigenen Eintrag im Literaturverzeichnis:

Norton, D.F.: „Editor's Introduction", in: Hume, D.: *A Treatise of Human Nature* (1739/40), ed. by Norton, D.F., Norton, M.J., Oxford 2003, pp. I 9–I 99.

3 Grundsätzlich gilt: Versetzen Sie sich in Ihren Leser hinein und überlegen Sie, wie Sie ihm die Lektüre besonders leicht und übersichtlich machen können. Vieles wird sich dann von allein ergeben. Aus formalen Gründen werden Sie kaum je ernsthafte Probleme mit Ihren Arbeiten bekommen. Natürlich sollten Sie die Standards irgendwann beherrschen, aber dies wird sich sehr rasch einstellen, wenn Sie zu schreiben beginnen.

In diesem Sinne: Ans Werk!